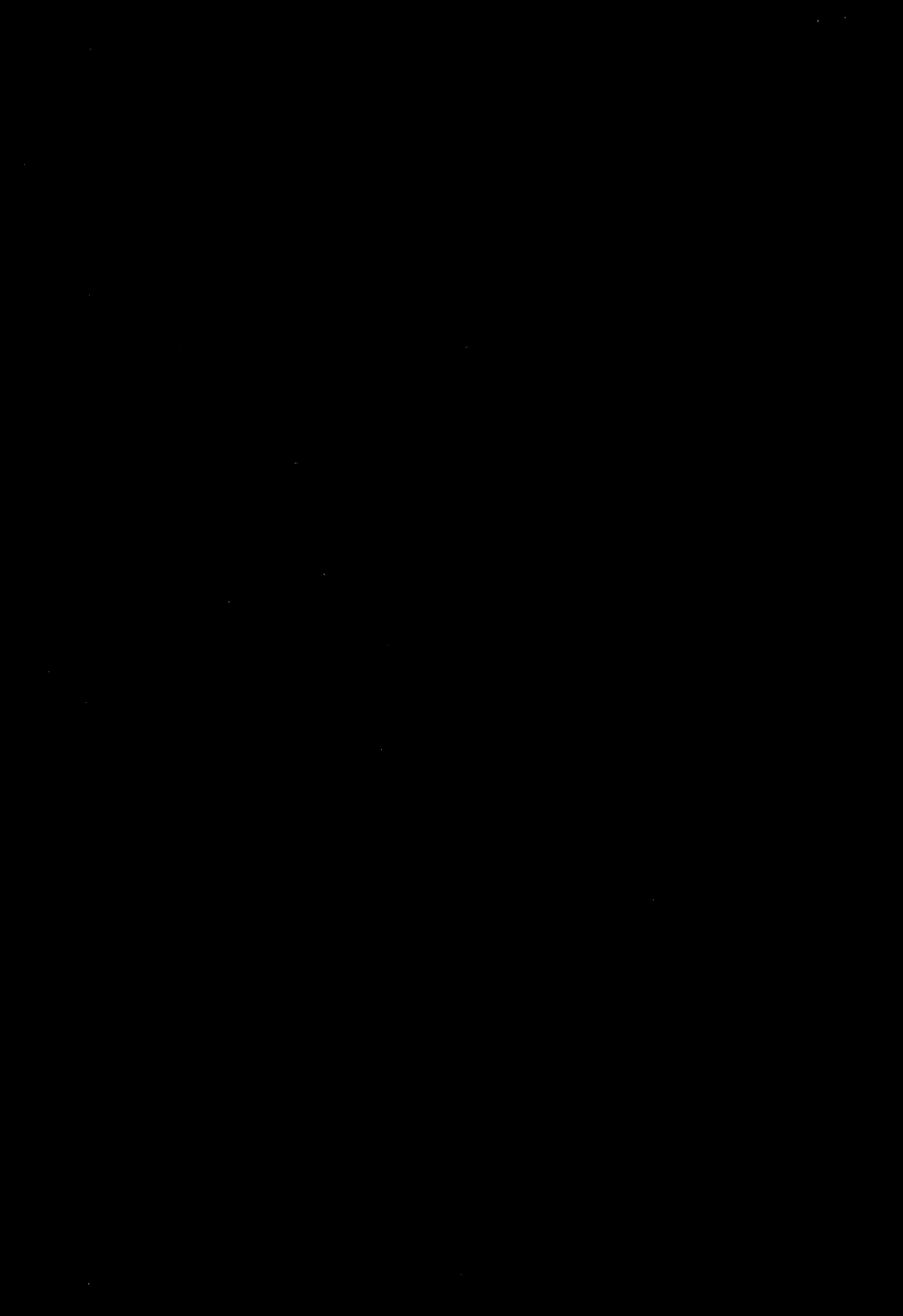

EUGENI XAMMAR (1888–1973)

Eugeni Xammar

Das Schlangenei

Berichte aus dem
Deutschland
der Inflationsjahre
1922–1924

Aus dem Katalanischen von Kirsten Brandt

BERENBERG

Einleitung

Der Name Eugeni Xammar dürfte in Deutschland nur wenigen geläufig sein. Selbst in Spanien war er bis vor kurzem, als im Verlag Acantilado in Barcelona zwei Bände mit seinen Berichten aus dem Deutschland der Weimarer Republik und der frühen Nazizeit in spanischer Übersetzung erschienen, eher den Spezialisten bekannt. Dabei schrieb dieser Journalist, zwischen den Weltkriegen einer der bestinformierten Berichterstatter aus den europäischen Metropolen London, Paris und Berlin, nicht nur in seinem Heimatidiom, Katalanisch, sondern bis 1937 auch für Madrider Tageszeitungen, und dann selbstverständlich im kastilischen Spanisch. Schon 1939 jedoch, mit dem Ende des Spanischen Bürgerkriegs und damit auch dem Ende der freien Presse in Spanien, verlor er seine Arbeit, seine Leser und geriet so in Vergessenheit. In seiner Heimat Katalonien hingegen hat man ihn nicht vergessen, nicht zuletzt auch deshalb, weil zu seinen engsten Freunden und Kollegen das literarische Idol der Katalanen, Josep Pla, zählte, mit dem Xammar Anfang der zwanziger Jahre als Korrespondent in Berlin zusammenarbeitete und der über seinen Kollegen die denkwürdigen Worte schrieb: »Xammar hat mich mehr gelehrt als alle Bücher zusammen. Er ist der intelligenteste Mensch, den ich je kennengelernt habe, der Mensch mit dem sichersten Auge und mehr Kenntnissen über die Welt als alle anderen. Er ist bis heute von allen, die ich kenne, derjenige mit dem humansten Naturell geblieben, das absolute Gegenteil von einem Wichtigtuer, ein Mann mit wachestem Geist und klarstem Verstand.«

Xammar wurde 1888 in Barcelona geboren. Er begann als Journalist bei Tageszeitungen in seiner Heimatstadt und ging bereits vor dem Krieg als Auslandskorrespondent nach London. Großbritannien hat ihn nach eigener Aussage mehr geprägt als die eigene Heimat. Er bewunderte zeit seines Lebens die liberale Skepsis der Briten, die Mischung aus Sarkasmus, selbstbewußter Melancholie und überlegener Distanz, die nirgendwo sonst auf der Welt zu finden ist. Xammar hat dieses Ideal mit nach Europa genommen und es zur Maxime seines Auftretens und seines beruflichen Verständnisses gemacht. Während des Krieges berichtete er von der französischen Westfront, abwechselnd für die Madrider Tageszeitungen *El Sol* und *El Fígaro*. Nach Kriegsende ging er für zwei Jahre nach Genf, wo er in der Presseabteilung des soeben eingerichteten Völkerbunds arbeitete. Schon 1922 aber begann ihn dieser stationäre Funktionärsjob zu langweilen. Durch Vermittlung des Chefs der gemäßigt nationalistischen *Lliga Catalana*, des Industriellen Francesc Cambó, konnte Xammar als Korrespondent für die Tageszeitung *La Veu de Catalunya* nach Berlin gehen, wo er im Herbst 1922 eintraf. Er blieb, mit Unterbrechungen, bis 1937, wurde einer der angesehensten Auslandsjournalisten in der deutschen Hauptstadt und Anfang der dreißiger Jahre Vizepräsident des Verbands der Auslandspresse.

Berlin war zu Begin der zwanziger Jahre für Auslandsjournalisten einer der interessantesten Plätze in Europa. Alle Modernisierungsschübe und Folgen des Ersten Weltkriegs schienen sich hier zu bündeln. Hier entschied sich, anhand des von den Siegermächten selbstgeknüpften Gordischen Knotens der in Versailles diktierten Reparationen und der Frage, wie Deutschland ihn friedlich lösen, also zahlen sollte, die finanzielle Zukunft eines ganzen Kontinents. Hier ließ sich aus nächster Nähe erleben, wie durch die kurzsichtige Geldgier der auf illusorische Zahlungen pochenden Siegermächte und durch den Trotz der beleidigten Kriegsverlierer in der deutschen Regierung eine Inflation von bis dahin nie gekannten Ausmaßen angeheizt wurde. Der mit der Russischen Revolution ins Zentrum der öffentlichen Auseinandersetzung getretene Links-Rechts-Konflikt wurde in Deutschland mit einer bis dahin in Europa ungekannten Schärfe ausgetragen. Hinzu kamen an der territorialen Peripherie zerrende separatistische Tendenzen, die Xammar nicht nur bei den notorischen Bayern erlebte, sondern auch in dem von den Alliierten besetzten Rheinland und im Ruhrgebiet unter französischer Besatzung – alles Vorgänge, die ihn, als Parteigänger der Autonomie Kataloniens gegenüber der Madrider Zentralgewalt, besonders interessierten. Dem Münchener Hitler-Putsch im November 1923 hat er einige der besten und sarkastischsten Seiten gewidmet, die je darüber geschrieben wurden. Fast könnte man meinen, Lion Feuchtwanger habe sie studiert, ehe er seinen politischen Schlüsselroman »Erfolg« schrieb. Xammar und seinem Freund Josep Pla wurde vom Putschisten Adolf Hitler ein Exklusivinterview gewährt. In Spanien war soeben der Diktator Primo de Rivera an die Macht gekommen, weshalb Hitler die beiden Spanier mit offenen Armen und den Worten empfing: »Den Spaniern stehen in Bayern alle Türen offen. Es sind die einzigen Ausländer, die das von sich behaupten können.«

Xammars Interview, in dem Hitler seine Pläne zur Judenvernichtung und seine sonstigen politischen Absichten in aller Offenheit darlegte, hatte Folgen. Die Passagen über die Vertreibung der Juden aus Spanien wurden von der spanischen Zensur gestrichen (was er vorher, in kaum verhüllter Anspielung auf Spaniens Diktator Primo de Rivera, über Bayern und seine Provinzdiktatoren geschrieben hatte, war ihr entgangen), und Xammar mußte danach seinen Arbeitgeber wechseln. Künftig schrieb er für die Tageszeitung *La Publicitat*. Dies war für ihn alles andere als ein außergewöhnlicher Vorgang. Schon immer hatte er, wenn Aufträge fehlten, andere Jobs übernommen und sein Leben auf diese Wechselfälle stets einzustellen gewußt, zur Bewunderung seines Freundes Pla, dem diese Form der Bewältigung der dringlichsten, auch finanziellen, Alltagsprobleme ein Greuel war. Seine Bibliothek war klein. Für Bücher hatte er wenig Zeit. Dafür beschrieb Pla den Freund als einen gargantuesken Verschlinger der internationalen Tagespresse. Xammar las Deutsch, Französisch, Italienisch und, natürlich, immer wieder die großen englischen Tageszeitungen.

Dabei war der Katalane beileibe kein Caféhauskorrespondent, der seine Informationen aus der Presse und von den Kollegen am Nebentisch bezog. In den Seiten dieses Buchs kann man sehen, wie systematisch und flächendeckend er Deutschland bereiste, wie er mit den Menschen sprach, und nicht nur mit Politikern und Würdenträgern, sondern auch mit, wie er das ironisch nannte, »unbedeutenden Menschen«. Seine Haltung gegenüber Deutschland war die eines Spaniers, der, angesichts der immer noch kümmerlichen Infrastruktur im eigenen Land, den Sekundärtugenden der Deutschen die auch im übrigen Europa verbreitete Sympathie entgegenbrachte, den aggressiv reaktionären Untergrund der deutschen Politik aber mit großer Strenge beurteilte. Deutschland erschien ihm faszinierend, weil hier ein Land zu erleben war, das vier Jahre nach Kriegsende kurz vor dem Zusammenbruch stand, in dem sich unter seinen ungläubigen Augen das Geld in Luft auflöste, das aber auch jetzt noch, trotz des Ruins durch Krieg, Nachkrieg und Hyperinflation, um seine Wirtschaftskraft und sein technologisches Niveau in Europa beneidet wurde. Den internationalen Weitblick und die Leistungskraft der Hamburger Reeder und Hafenarbeiter bewunderte er ebenso wie den hohen Organisationsgrad und die Leistungsbereitschaft der Arbeiterschaft an der Ruhr. Für palavernde, hilflose Politiker in Berlin und die dröhnenden, bierseligen Populisten in München aber hatte er nur ironische Verachtung übrig.

Mitte der zwanziger Jahre, als sich die wirtschaftliche und politische Lage in Deutschland entspannt und mit Stresemann einer der wenigen deutschen Politiker das Heft in die Hand genommen hatte, die er für satisfaktionsfähig hielt, reiste Xammar, wieder gemeinsam mit Pla, nach Rußland. Nach der Rückkehr blieb er »absolut überzeugt, daß die in Rußland zur Herrschaft gelangte menschliche Utopie eine Dummheit von unergründlichen Dimensionen ist, die dem Freiheitsbedürfnis der Menschen zuwiderläuft.«

1929 begann er für den *Herraldo de Madrid* unter Chefredakteur Manuel Chaves Nogales zu schreiben, einem liberalen Republikaner mit glänzenden Verbindungen zur politischen, wirtschaftlichen und literarischen Elite Spaniens, der Xammars politischen Neigungen entgegenkam. Er hätte gern weiter für katalanische Blätter geschrieben, aber auch mit dieser Lösung konnte er sich befreunden – ein flexibler Profi ist er immer geblieben. Als Chaves Nogales 1930 mit dem Geld des liberalen Industriemagnaten Luis Montiel die große moderne spanische Tageszeitung *Ahora* gründete, ein republikanisches Sprachrohr während der Jahre der Zweiten Spanischen Republik von 1931 bis 1936, nahm er den Berliner Korrespondenten mit. Xammars veröffentlichte hier Seite an Seite mit den besten Autoren, die das liberale, freiheitliche Spanien zu bieten hatte: Miguel de Unamuno, Ramón Gomez de la Serna, Pio Baroja, Gregorio Marañon, Ramón del Valle Inclán, Ramón del Maeztu und Julio Camba.

Zu Beginn der dreißiger Jahre war Eugeni Xammar ein europaweit angesehener Auslandsjournalist. Spanien war Republik, Präsident Azaña hatte im September 1931 in Barcelona feierlich das Autonomie-Statut für Katalonien übergeben. In Berlin hatte die Vereinigung der Auslandspresse Xammar zu ihrem Vizepräsidenten ernannt, zugleich war er Presseattaché an der spanischen Botschaft. Es war eine gute Zeit für den Katalanen. Und sie dauerte bis in die ersten Jahre unter Hitler. Den Beginn der Nazizeit, die ersten antisemitischen Übergriffe, quittierte er noch mit der, in diesem Falle fatalen, Sorglosigkeit des Liberalen, der nicht glauben mochte, daß aus den Programmen, die Hitler ihm zehn Jahre zuvor in die Feder diktiert hatte, jemals Wirklichkeit werden könnte.

Daß sich aber auch in seinem eigenen Land schneller als gedacht die Verhältnisse zum Schlechten veränderten, konnte Xammar in der Berliner Botschaft selbst beobachten. Bereits Anfang 1936 weilten Falangeführer José Antonio Primo de Rivera und General Sanjurjo, eine der führenden Gestalten in der Riege der aufständischen Offiziere um Franco, in Berlin, um sich bei den neuen politischen Freunden heimlich Rat zu holen. Als am 18. Juli der Aufstand der Armee unter General Franco und gleich darauf der Bürgerkrieg losbrach, erklärte sich die Mehrheit der Berliner Botschaftsangehörigen mit den Aufständischen solidarisch, auch Botschafter

Agromonte. Xammar, der überzeugte Republikaner, ging nach Paris, wo er für die Dauer des Bürgerkrieges als Presseattaché in der republikanischen Botschaft arbeitete.

In den Jahren der Franco-Diktatur verschwand sein Name aus dem Bewusstsein der europäischen Öffentlichkeit. Die liberaldemokratischen gebildeten Menschen der iberischen Mittelschicht, für die er schrieb, hatten nach dem Ende des Bürgerkriegs 1939 keine Stimme mehr in Spanien, geschweige denn eine Zeitung. Während sich sein alter Freund und Kollege Pla auf unrühmliche Weise mit den neuen Machthabern zu arrangieren suchte, ging Xammar 1939 ins Exil. Nach verschiedenen Stationen landete er in New York als Übersetzer bei den Vereinten Nationen. Später übte er diese Tätigkeit bei den Vereinten Nationen in Genf aus. Als Journalist konnte er kaum noch arbeiten. Für einige südamerikanische Blätter hatte er schon vor dem Krieg geschrieben, und diese Verbindung nutzte er auch jetzt. Aber Spanien, das Land, für das er bis dahin gearbeitet hatte und gereist war, gab es, so wie er es gekannt hatte, nicht mehr. Gegen Ende seines Lebens kehrte er dennoch wieder in seine katalanische Heimat zurück. Er erneuerte seinen Kontakt zu dem alten Freund und Kollegen Pla, den er während der ersten Jahre im Exil noch öffentlich als Kollaborateur zum Teufel gewünscht hatte, und schrieb seine Autobiographie. 1973 starb Eugeni Xammar in Ametlla del Vallès.

In Vergessenheit geriet dieser englische Katalane auch durch den sympathischen Umstand, daß er es nie für nötig hielt, viel Aufhebens um seine Person zu machen. Im Gegensatz zu Kollegen wie Pla und dem schillernden Feuilletonisten Eugeni d'Ors hielt er sich nie für einen verkannten Literaten und hatte es auch nicht nötig, sich deshalb groß aufzuspielen. Er fühlte sich den alltäglichen Tatsachen verpflichtet, der eigene Nachruhm interessierte ihn herzlich wenig. Charo Gonzalez Prada, Herausgeberin der beiden in kastilischer Übersetzung erschienenen Bände mit Xammars Deutschlandberichten, schreibt in ihrer Einleitung zu dem Band *Cronicas desde Berlin* (Barcelona 2007): »Xammar war ein Skeptiker, ein Charakterzug, den der Beruf des Journalisten verlangt. Sein Genre blieb die Reportage, die den Herzschlag der täglichen Ereignisse überträgt: Der Journalist sammelt die Bruchstücke der Wirklichkeit, die sich in seiner Reichweite befinden. Nur auf sie darf er achten, und nur über sie darf der Leser von ihm Rechenschaft verlangen. Daß die Realität manchmal am Morgen eine andere ist als noch am Abend zuvor, ist dabei von minderer Bedeutung. Tatsachen Stück für Stück zu berichten und mit jedem Wort etwas Konkretes zu verbinden, das war Xammars Spezialität. Er selbst hat immer wieder versichert, mehr als Adjektive lägen ihm die Substantive – das Markenzeichen des Journalisten von Format.«

Heinrich v. Berenberg

Die Republik hat noch immer Angst

Seit Tagen ist es bekannt: Der Bürger Fritz Ebert[1] wird bis zum 20. Juni 1925 Präsident der Republik bleiben. Es bedurfte nur noch einer Formalität, damit die vom Reichstag gebilligte Verfassungsänderung in Kraft treten konnte, nämlich der offiziellen Annahme durch den Bürger Fritz Ebert selbst. Die junge, noch ein wenig orientierungslose deutsche Republik muss sich ihre Etikette Stück für Stück erarbeiten. Und die revolutionären, sozialistischen Ursprünge, die der Republik in Deutschland anhaften, erleichtern nicht eben den Aufbau der neuen offiziellen Förmlichkeit. So mussten zum Beispiel Jahre vergehen, ehe das Staatsoberhaupt es wagte, sich mit Zylinder in der Öffentlichkeit zu zeigen. Es gibt keine Präzedenzfälle, sie werden erst nach und nach geschaffen. Der Reichstag hat beschlossen, die Amtszeit von Präsident Ebert zu verlängern. Wie sollte man nun den Betroffenen von dieser Tatsache in Kenntnis setzen?

Man hielt an dem Prinzip fest, jedes Aufsehen zu vermeiden, und beschloss, eine Abordnung des Reichstags – angeführt vom Reichstagspräsidenten – zum Staatsoberhaupt zu entsenden, um ihm die Entscheidung des Parlaments zu übermitteln und ihn zu bitten, im Amt zu bleiben. So geschah es. Die beiden Präsidenten, die Bürger Ebert und Löbe[2], standen einander gegenüber, sicher nicht zum ersten Mal. Auf so mancher Wahlkampftribüne, so manchem Schauplatz der Revolution und in manch einem Streikkomitee sind die beiden in der Vergangenheit aufeinandergetroffen. Die heutigen Zeiten erfordern vom einen wie vom anderen ein gemächlicheres und würdevolleres Auftreten. Reichstagspräsident Löbe hat dem Staatsoberhaupt die Entscheidung des Parlaments mitgeteilt. Der Reichspräsident, Bürger Fritz Ebert, hat erwidert, er beuge sich der Entscheidung des Parlaments. Die Tageszeitungen haben dieser Nachricht einen Ehrenplatz auf Seite zwei eingeräumt. Und der Bürger Fritz Ebert wird den Staatsangelegenheiten bis Mitte 1925 weiterhin vorstehen.

Niemand bedauert das. Wie jedermann weiß, ist Präsident Ebert Sattler von Beruf. Die meisten Leute haben das schon wieder vergessen, aber die rechte Presse nutzt jede sich bietende Gelegenheit, um daran zu erinnern, und stellt es so dar, als hätte der Bürger Ebert bei Ausbruch der Revolution einen halbgepolsterten Sattel liegenlassen, um Knall auf Fall Reichspräsident zu werden. Das darf man allerdings nicht glauben, denn tatsächlich hat Präsident Ebert schon in jungen Jahren das Sattlerhandwerk aufgegeben, um Journalist zu werden, mächtige Arbeitergewerkschaften zu vertreten und politische Propaganda zu betreiben. Und es ist anzunehmen, dass der Mann Urteilsvermögen, Anpassungsfähigkeit und zugleich außergewöhnliche Führungsqualitäten besitzt, wenn man sieht, wie er sich nach einem stetigen Aufstieg seit nunmehr vier Jahren auf einem schwierigen Posten hält und es schafft, sein Ansehen zu mehren. Seine Autorität in Regierungskreisen wächst von Tag zu Tag, und auch seine Popularität im Land steigt ständig. Hätten die Präsidentschaftswahlen, wie ursprünglich geplant, am zweiten Dezember stattgefunden, wäre Präsident Ebert von einer breiten – einer sehr breiten – Mehrheit gewählt worden, daran besteht kein Zweifel.

Dennoch sind die Wahlen verschoben worden, und man muss nach dem Warum fragen und Erklärungen zu finden versuchen.

Statt langer Ausführungen mag eine Anekdote zur Erläuterung genügen. Vor nicht allzu langer Zeit schickte die deutsche Postverwaltung eine Postkarte mit folgendem Vermerk an den Absender zurück: »Anschrift unvollständig, Empfänger unbekannt.« Diese Postkarte war an den Staatschef adressiert, und die Anschrift beschränkte sich auf die Worte: »Reichspräsident Ebert«. Kurz und deutlich, aber unzureichend für die Postverwaltung.

Wenn es sich hingegen darum handelt, die vergangenen Autoritäten aufzuspüren, sind die Beamten durchaus bereit, alle erdenklichen Mühen auf sich zu nehmen. Ebenfalls vor kurzem sandte einer jener unbedarften Bürger, die mit Vorliebe an ihre Herrscher schreiben, aus irgendeinem

Dorf in Belgien einen Brief, der an »Monsieur l'Empireur, Allemagne« adressiert war. Der Brief kam in Berlin an, und obwohl die Anschrift unvollständig und auf französisch war – noch dazu falsch geschrieben –, wurde er nicht zurückgesandt. Ganz im Gegenteil: Die Beamten machten sich die Mühe, die Adresse zu übersetzen und zu vervollständigen: Berlin C_2, Schloss, die korrekte Anschrift für Postsendungen an den früheren kaiserlichen Hof. Aber seit Ausrufung der Republik ist in den ehemaligen Räumlichkeiten der kaiserlichen Post ein Biologieinstitut untergebracht, und dessen Direktor hat dieses Dokument der Öffentlichkeit zugänglich gemacht, ein recht aufschlussreiches Dokument für alle, die wissen wollen, wie es um die Gemütslage eines Gutteils der deutschen Bürokratie bestellt ist.

Es erübrigt sich zu sagen, dass diese einzelne Anekdote deshalb so ernst zu nehmen ist, weil sich die Liste ähnlicher Beispiele endlos fortsetzen ließe. Die Republik beruht in Deutschland auf einer kollektiven Zustimmung, die breit genug ist, um als allgemein zu gelten, auf der Überzeugung vieler Bürger und auf der aktiven Begeisterung einiger weniger. Sie lebt seit vier Jahren im permanenten Verteidigungszustand, kann sich aber nicht zum Angriff entschließen. Ihre Gegner hingegen greifen an: Heute lassen sie eine Postkarte zurückgehen, weil sie angeblich nicht wissen, wo der Reichspräsident zu finden sei, morgen versuchen sie, den Kanzler zu ermorden. Sobald die Regierung die Absicht bekanntgab, am zweiten Dezember Präsidentschaftswahlen durchzuführen, beschlossen die Deutschnationalen – wenn auch inoffiziell –, Marschall Hindenburg[3] als Gegenkandidaten für Ebert aufzustellen. Gleichzeitig erklärte die Deutsche Volkspartei, sie sei für eine Verschiebung der Wahl.

Dass Marschall Hindenburg – der sich seit vier Jahren auf den Regimentsfesten feiern lässt – gewählt würde, befürchtete niemand. Die Volkspartei hingegen, die politische Vertretung der Großindustrie, hatte Angst, sich zwischen dem Bürger Ebert und Marschall Hindenburg ent-

dauert die Krise an und scheint sich unter dem Druck der Ereignisse, vor allem der letzten Tage, hoffnungslos zuzuspitzen. Niemand weiß, ob sie bei Erscheinen dieser Chronik nicht schon offiziell ist, und niemand kann sagen, ob sich die Regierung noch ein paar weitere Wochen halten wird. Wie auch immer: Ich habe ja bereits erwähnt, dass das entscheidende politische Problem des heutigen Deutschlands außerhalb der Regierung liegt.

Kaum hatten sich die beiden sozialistischen Parteien zusammengeschlossen, verabredeten die drei bürgerlichen republikanischen Parteien (die Zentrumspartei und die Demokraten sind republikanisch aus Prinzip, die Volkspartei ist es aus Opportunismus), die parlamentarische Arbeit gemeinsam zu leisten. Indem sie sich für die parlamentarische Arbeit mit der Volkspartei zusammentaten, die nicht in der Regierung vertreten ist, signalisierten Zentrum und Demokraten, wie sie dem Zusammenschluss der sozialistischen Kräfte gegenüberstanden. Unausgesprochen machten sie deutlich, dass sie keine demokratisch ausgerichtete Regierung mit sozialistischer Übermacht wünschten und es für notwendig hielten, die Regierungskoalition sowohl nach rechts als auch nach links auszuweiten. Wenn die vereinigten Sozialisten eine persönliche Vertretung der USPD in der Regierung wollen, muss zur Erhaltung des Gleichgewichts auch eine Abordnung der Volkspartei in die Regierung eintreten.

Von einer direkten Beteiligung der Volkspartei an der Regierung ist nicht erst seit gestern die Rede. Schon seit anderthalb Jahren unternimmt die Regierung Wirth halbherzige Vorstöße in diese Richtung. Die Volkspartei ist der politische Arm der gesamten deutschen Großindustrie, ohne deren Mitwirkung keine Wirtschaftspolitik denkbar ist – von einer offen sozialistischen Lösung einmal abgesehen –, die einen Ausweg aus dem Chaos und den Hirngespinsten der derzeitigen Lage böte. Alles dreht sich um das Problem der Reparationszahlungen. Der Kernpunkt des Problems sind die Reparationsleistungen *in natura*, und es liegt allein in der Macht der Großindustrie, diese vertraglich vereinbarten Leistungen auch tatsächlich zu erbringen. Es war nicht damit getan, dass der Demokrat Rathenau in Wiesbaden die Grundlagen für eine gelungene Politik in dieser Richtung legte. Es mussten erst zwei Jahre vergehen, und Hugo Stinnes[7], Abgeordneter der Volkspartei, musste in der Durchsetzung dieser Politik ein Geschäft wittern.

Nachdem die Großindustriellen der Volkspartei jahrelang versucht haben, aus der Opposition heraus die Reparationspolitik der Regierung auszuhebeln, haben sie nun, da es ihnen passt, die ersten Schritte zur Lösung des Problems unternommen. Von außerhalb der Regierung hat die Volkspartei genügend Macht, um die Verschiebung der Wahlen zum Reichstagspräsidenten durchzusetzen. Es ist vollkommen verständlich, dass eine solche politische Kraft keine große Eile hat, nominell der Regierung anzugehören, und sich andererseits auch nicht mit einer bescheidenen Regierungsbeteiligung zufriedengibt. Die Volkspartei hätte nichts dagegen, zu regieren oder sich an einer Regierungskoalition zu beteiligen, denn angesichts der politischen Machtverhältnisse in Deutschland gibt es keine andere Lösung. Im Grunde genommen schreckt sie auch die Zusammenarbeit mit den Sozialisten nicht. Nur eine Bedingung stellt die Volkspartei, um sich auch de facto an der Regierung zu beteiligen: Sie will die Führung in der Außenpolitik. Und davon wollen die Sozialisten selbstverständlich nichts wissen.

Bisher hat sich Kanzler Wirth von den Sozialisten tragen lassen, und die Volkspartei wartet geduldig vor den Toren des Außenministeriums in der Wilhelmstraße auf Einlass. Alles deutet jedoch darauf hin, dass ihre Stunde naht. Wirths Autorität wankt, weil sein Ansehen im Ausland sinkt. Seine Nachfolge wird aller Wahrscheinlichkeit nach der derzeitige Finanzminister Hermes antreten, der als Verbündeter der Volkspartei gilt. Aber selbst wenn Wirth diese Dauerkrise überstehen sollte, ist zu bezweifeln, dass er sich entschließt, das Außenministerium den Sozialisten zu überlassen, die Anspruch darauf erheben, während die Großindustrie

dem finanziellen Untergang Deutschlands zusieht und keinen Finger
rührt, ihn aufzuhalten.

Berlin, November 1922
[*La Veu de Catalunya,* **16. November 1922**]

Die Reparationen und die Stabilisierung der Mark

Dieser Tage wird eine Neuinszenierung der großartigen Komödie mit dem Titel »Reparationen und Stabilisierung der Mark« aufgeführt. Der erste Akt spielte diesmal in Berlin, und der Erfolg war, wie immer, kläglich. Der Ortswechsel war vergeblich, und es hat auch nichts genutzt, dass diesmal einige der Hauptrollen mit bekannten deutschen Schauspielern besetzt waren und keine Kosten gescheut wurden, um eine erstklassige Komparserie aus handverlesenen Technikern und ausländischen Bankiers anzuheuern. Alles vergebens. Nun ist nach dem Ende des ersten Akts der Vorhang gefallen und ein Teil der Truppe nach Paris zurückgekehrt, in der erklärten Absicht, dort ganz allein den zweiten Akt aufzuführen, während die Komparsen sich zerstreuen und das Publikum sich mehr denn je betrogen fühlt. Der russische Dramatiker Tschechow, bewundernswerter Autor von *Der Kirschgarten* und *Drei Schwestern*, versuchte mittels weitschweifiger Dialoge das zu schaffen, was er »Atmosphäre« nannte. Sicher ahnte Tschechow nicht, dass nur wenige Jahre später die politischen Führungskräfte sich voller Begeisterung die Prinzipien seiner Theaterästhetik zu eigen machen würden. Seit vier Jahren tun die Staatsmänner nichts anderes, als weitschweifige Dialoge zu führen und damit in Europa eine Atmosphäre zu schaffen, in der man zu ersticken glaubt.

Die Reparationskommission ist abgereist, ohne sich mit der deutschen Regierung geeinigt zu haben. Das war zu erwarten. Die Vorschläge der Kommission erschienen der deutschen Regierung inakzeptabel, und die Gegenvorschläge der deutschen Regierung erschienen der Kommission inakzeptabel. Man muss diese Vorschläge und Gegenvorschläge hier nicht im einzelnen aufzählen. Sie sind nicht weiter wichtig, denn sie haben nichts erbracht. Beide Seiten, Reparationskommission wie deutsche Regierung, haben Recht. Das bedeutet, dass keine der beiden Seiten Recht hat.

Die Herren von der Reparationskommission sind nicht leicht zu verstehen. Man weiß, was sie wollen: Sie wollen kassieren. Aber das Problem der Reparationszahlungen ist an einem Punkt angelangt, an dem es weniger um das »Was« geht als vielmehr um das »Wie«. Zusätzlich zu der Prinzipienfrage, die im Vertrag von Versailles geklärt ist, stellt sich die Frage nach der Methode, die im Vertrag nicht geklärt ist. Die Aufgabe der Reparationskommission wäre eben die Lösung dieses methodologischen Problems. Doch der Gang der Verhandlungen lässt, objektiv betrachtet, nur den Schluss zu, dass die Männer, aus denen sich diese aufwendige Kommission zusammensetzt, nichts von der Materie verstehen, die sie verhandeln. So hat die Reparationskommission zum Beispiel im März dieses Jahres ausdrücklich und in vollem Ernst von der deutschen Regierung verlangt, zusätzliche Steuern in Höhe von sechzig Milliarden Papiermark zu erheben. Diese Forderung hat die deutsche Regierung zurückgewiesen. Die Reparationskommission beharrte auf ihrem Standpunkt, und derweil ist der Kurs der Mark so stark gefallen, dass ihr Wert heute nur noch vier Prozent dessen beträgt, was sie im März wert war. Um also die Reparationskommission zufriedenzustellen, müssten die neuen Steuereinnahmen 1.500 Milliarden Mark betragen statt sechzig Milliarden.

Hätte es irgend etwas gebracht, wenn die deutsche Regierung vor acht Monaten den Plan der Kommission akzeptiert und sechzig Milliarden Mark an neuen Steuern erhoben hätte? Die Antwort muss lauten: nein. Als neuestes Allheilmittel schlägt die Reparationskommission nun die Einrichtung einer Finanzkontrollstelle sowohl für das Deutsche Reich als auch für die einzelnen Länder vor. Hauptaufgabe dieser Kontrollstelle soll sein, darüber zu wachen, dass das Eintreiben der Steuern rigoros befolgt wird, und zu untersuchen, welche unnötigen Ausgaben sofort reduziert oder ganz vermieden werden können. Ein bewundernswertes Programm – wäre die deutsche Währung nicht die Papiermark. Der Dollar braucht nur von zehn- auf zwanzigtausend Mark zu steigen – was durchaus im Bereich des Möglichen liegt –, und schon sind die Steuern real nur noch die Hälfte wert und der Nennwert der unvermeidlichen und nicht reduzierbaren Ausgaben beträgt das Doppelte. Ganz abgesehen davon wären für eine solche Kontrolle ganze Heerscharen von Beamten vonnöten, die in Goldmark bezahlt werden müssten.

Offen gesagt, sind die Herren von der Reparationskommission ein wenig zu alt und ein wenig zu gut bezahlt. Vier Jahre sind vergangen, und noch immer tun sie so, als hätte die Zeit nichts bewiesen, als hätte sie nichts gelehrt, als wären die Tatsachen ohne Belang. Sie wollen kassieren und tun zugleich alles, was in ihrer – immer noch beträchtlichen – Macht steht, dass genau dies täglich schwieriger wird. Und die Tage vergehen, und die Papiermark ist sozusagen mit jedem Tag aus schlechterem Papier und zu gar nichts mehr nutze, außer dazu, das wirtschaftliche Luftschloss aufrechtzuerhalten, in dem Deutschland derzeit lebt.

Die Spitzenkräfte aus Wirtschaft und Finanz, von der deutschen Regierung zusammengerufen, um sie und die Reparationskommission zu erleuchten, haben das Problem klar erkannt. Ihre Berichte sind voller Binsenweisheiten. Ans Krankenbett gerufen, sagten sie dem Patienten in etwa folgendes: »Sie sind in der Tat krank, sehr krank, vielleicht kränker, als Sie denken. Jetzt müssen Sie erst einmal gesund werden, aber machen Sie sich keine Illusionen: Es mag sein, dass sich Ihr Zustand bessert, aber solange Sie noch Fieber haben, werden Sie nicht richtig gesund werden. Sehen Sie zu, dass Sie das Fieber loswerden, und wenn Ihnen das gelungen ist, fahren Sie zur Kur. Dass es Ihnen aber nicht einfällt, eine Kur anzufangen, solange es Ihnen so geht wie jetzt, denn damit wäre nichts erreicht und wir könnten nicht für die Folgen garantieren.«

In anderen Worten: Deutschland muss seinen Haushalt ausgleichen, und solange sein Haushalt nicht ausgeglichen ist, gibt es keine ausgeglichene Zahlungsbilanz, und solange diese Voraussetzung nicht erfüllt ist, kann sich die Mark nicht stabilisieren. Jede halbherzige Maßnahme droht vom täglich wachsenden Defizit aufgefressen zu werden und somit ins Leere zu laufen.

So ist es. Aber wenn ein ausgeglichener Haushalt und eine ausgeglichene Zahlungsbilanz die Grundvoraussetzung für die Stabilisierung der Mark sind – was ist dann die Grundvoraussetzung für einen ausgeglichenen Haushalt und das Ende der negativen Zahlungsbilanz Deutschlands?

Sicher nicht die Erhöhung der Steuern (in Papiermark), und sicher auch nicht eine Finanzkontrolle, um sicherzustellen, dass das Einsammeln des Papiers problemlos vonstatten geht. Es kann nur eine Antwort auf diese Frage geben, und sie betrifft das Luftschloss der Reparationsschulden. Solange die Höhe derselben nicht festgelegt wird, kann Deutschland nicht klar kalkulieren und man kann keinen ausgeglichenen Haushalt von ihm verlangen. Solange der Haushalt nicht ausgeglichen ist, kann die Zahlungsbilanz nicht positiv ausfallen. Und solange Deutschlands innere Konten in den roten Zahlen sind, werden seine ausländischen Gläubiger wenig oder nichts kassieren. Und das ist wirklich jammerschade, denn Deutschland könnte einiges zahlen.

Und da ich schon gesagt habe, dass es immer dieselbe Leier ist, bleibt mir nichts anderes übrig, als den Beweis für das eben Gesagte an einem anderen Tag zu erbringen.

Berlin, November 1922
[*La Veu de Catalunya,* **22. November 1922**]

Der Komödie zweiter Teil

Während des Krieges gab es in Deutschland zahllose Artikel aus Papier: Bettlaken, Strümpfe, Baracken, Teppiche, Männer- und Frauenkleidung, Körbe und Vorhänge. Nach vier Friedensjahren sind alle diese Dinge nun wieder echt. Heute sind eigentlich nur noch die Servietten im Restaurant aus Papier – und die Mark. Vor allem die Mark.

Es ist unbegreiflich: Deutschland fehlt es an nichts, was den Reichtum eines Landes ausmacht, im Gegenteil: Es hat erfahrene Landwirte, die noch den magersten Böden etwas abzugewinnen verstehen, eine bewundernswert moderne Industrie, reichhaltige Kohleminen, eine unvergleichliche Technik und ein perfekt funktionierendes Verkehrsnetz. Und all dieser Reichtum wird von nichts weiter repräsentiert als von einem Berg Papier, der von Tag zu Tag wächst und um so weniger wert ist, je mehr er wächst. Unter dem Gewicht dieses Bergs, dessen wissenschaftlicher Name schwebende Schulden lautet, sind die Finanzen dieses Landes zu einer ungeheuren Fiktion verkommen, und seine Wirtschaft erstickt. Und Deutschlands Gläubiger, bestens vertreten durch die internationale Reparationskommission, gehen zuletzt leer aus.

Dass Deutschland nicht besonders erpicht darauf ist zu zahlen ist menschlich verständlich, und so ist es bis zu einem gewissen Punkt nur natürlich, dass die deutsche Regierung immer wieder Fristverlängerungen vorschlägt, obwohl sie weiß, dass damit das grundsätzliche Problem nicht gelöst wird. Unbegreiflicher ist hingegen, dass Deutschlands Gläubiger das gleiche tun, dass die Reparationskommission von der Reichsbank verlangt, sich von der Hälfte ihrer Goldreserven zu trennen – fünfhundert Milliarden Mark –, um sich an einer Operation zur vorläufigen Stabilisierung der Mark zu beteiligen, mit der die Lösung des Problems einzig und allein um sechs Monate verschoben würde. Wollen Deutschlands Gläubiger am Ende gar kein Geld?

Ich sagte neulich, dass ein Staat seine Außenschulden nicht begleichen kann, solange die Finanzen im Inneren nicht ausgeglichen sind. Inneres finanzielles Gleichgewicht heißt ein ausgeglichener Haushalt. Und ein ausgeglichener Haushalt ist ohne eine stabile Währung schlechterdings unmöglich. Und Deutschland ist nicht kreditwürdig und wird es auch nicht sein, solange die Höhe der Reparationsschulden jenem Betrag entspricht, der Deutschland vor zwei Jahren verbindlich durch den Londoner Zahlungsplan in Form eines Ultimatums auferlegt wurde.

Es ist ganz einfach. Im Londoner Zahlungsplan wurden die Reparationsleistungen auf 132 Milliarden Goldmark festgelegt, zahlbar innerhalb von fünfzig Jahren mit einem Zinssatz von fünf Prozent. Das ergibt alles in allem – so sagen die, die nachgerechnet haben – 210 Milliarden Goldmark. Die 132 Milliarden sind in drei Serien von Schuldverschreibungen unterteilt: eine Tranche A von zwanzig Milliarden, eine Tranche B von zweiunddreißig Milliarden und eine Tranche C von achtzig Milliarden. Die Garantie für diesen gewaltigen Haufen Geld ist natürlich Deutschland. Zunächst erklärte Deutschland, für einen so hohen Betrag könne es nicht garantieren, aber seine Gläubiger setzten ihm ein Ultimatum, und so sagte Deutschland, ja, es garantiere für alles. Versprechungen machen nicht arm.

Nachdem der Londoner Zahlungsplan festgelegt und Deutschland sein Einverständnis abgerungen worden war, blieb nur noch eines zu tun: die Schuldverschreibungen an der Börse zu handeln, erst die der Tranche A, dann die der Tranche B und zuletzt die der Tranche C. Ein Millionenvermögen … wenn die Börse sie annahm. Aber die Schuldverschreibungen finden keine Abnehmer. Der Weltfinanzmarkt glaubt nicht an die Solvenz Deutschlands, und wenn sie nicht gehandelt werden, sind die Reparationsschulden wertlos.

Diese Reaktion der Finanzmärkte ist nur allzu verständlich. Sie beruht auf der folgenden Tatsache: Das Gesamtvermögen Deutschlands beträgt heute – wenn man von den optimistischsten Schätzungen ausgeht – nicht mehr als 230 Milliarden Goldmark, entspricht also in etwa der Summe, die Deutschland laut dem Londoner Zahlungsplan zu entrichten hat. Deutschlands Gesamtvermögen ist somit belastet, das Vermögen, das ein Volk von sechzig Millionen Seelen mit den dazugehörigen Körpern am Leben erhält. Es ist nicht weiter verwunderlich, dass dieses Volk unter den gegebenen Umständen als nicht kreditwürdig gilt, und daran wird sich auch nichts ändern, solange der Londoner Zahlungsplan fortbesteht.

Dass Deutschland nicht 210 Milliarden Goldmark zahlen kann, liegt auf der Hand. Dass Deutschland gar nichts bezahlen kann oder bereits alles bezahlt hat, was es zahlen konnte, ist ebenso eindeutig übertrieben. Nicht einmal die Deutschen – sofern sie einigermaßen vernünftig sind – behaupten das. Vor wenigen Tagen wurde mir als Korrespondent der *Veu de Catalunya* die Ehre zuteil, mit einer der bedeutendsten Persönlichkeiten des heutigen Deutschland zu sprechen. Die Äußerungen dieser Persönlichkeit werden in der *Veu de Catalunya* veröffentlicht werden, sobald der, der sie getan hat und der momentan mit anderen, wichtigeren Aufgaben beschäftigt ist, sie freigegeben hat. Auf das Problem der Reparationen angesprochen, sagte er: »Sehen Sie, ich sage ja gar nicht, dass Deutschland nichts zahlen müsse und nichts zahlen könne. Deutschland hat den Krieg verloren, und das hat immer seinen Preis. Deutschland muss zahlen, und wir wollen zahlen. Man muss uns nur sagen, wieviel, und die Summe muss im Bereich des Möglichen liegen.«

Was ist bei den derzeitigen und zukünftigen Kapazitäten Deutschlands möglich? Sehr viel weniger als 232 Milliarden und sehr viel mehr als nichts. Wieviel? Unsere Leser mögen uns verzeihen, wir haben sie bereits im Titel dieses Berichts gewarnt. Die Antwort erfolgt im nächsten Artikel.

Berlin, November 1922
[*La Veu de Catalunya*, **29. November 1922**]

Das Reparationenproblem und seine Lösung

Betrachtet man das Reparationenproblem als rein politisches Problem, könnten die bösen Zungen recht haben, die behaupten, die Divergenzen zwischen Deutschland und Frankreich lägen nur in dem, was beide sagen. Deutschland sagt, es könne auf keinen Fall zahlen, und Frankreich sagt, es wolle auf jeden Fall kassieren. In Wirklichkeit aber will Deutschland vorläufig einfach nicht zahlen, und Frankreich hat kein Interesse daran, allzu schnell zu kassieren. Deutschland denkt, wenn es ihm gelingt, ein Moratorium auf das andere folgen zu lassen, kommt vielleicht der Tag, an dem es gar nicht mehr zahlen muss. Und Frankreich denkt, wenn es solange wie möglich in der Rolle des unbefriedigten Gläubigers verharrt, wird vielleicht nie der Tag kommen, an dem es sich vom Rhein zurückziehen muss.[8]

Unterstellen wir einmal, dass die bösen Zungen nicht recht haben. Hätten sie recht, so liefe die Lösung des Reparationenproblems früher oder später auf einen Krieg hinaus. Es ist also angenehmer, davon auszugehen, dass sie nicht recht haben. Was aber kann die Lösung sein, wenn man das Reparationenproblem als wirtschaftliches Problem betrachtet?

Es gibt nur eine Lösung: Deutschland muss zahlen … und Frankreich muss sich bereit erklären, das Geld zu nehmen und vom Rhein abzuziehen, sobald es die Zahlung oder eine verlässliche Garantie dafür erhält, dass die Zahlung pünktlich erfolgen wird. Und Deutschland kann zahlen. Natürlich nicht die 210 Milliarden Goldmark, die der Londoner Zahlungsplan von ihm fordert. Es kann sie nicht bezahlen, weil ganz Deutschland kaum so viel wert ist. Würde es sie zahlen, wären die sechzig Millionen Einwohner zur Armut verdammt und müssten von der Wohlfahrt leben, und das ist ein Luxus, den die Welt sich nicht leisten kann. Aber ich habe bereits in meinem letzten Artikel geschrieben, dass zwischen 210 Milliarden und nichts Raum ist für eine ganze Reihe von Zwischenlösungen. Was halten Sie zum Beispiel von fünfzig Milliarden Goldmark?

Das ist eine beachtliche Summe, so beachtlich, dass Frankreich sie sicherlich in dreißig Jahren nicht aufbrächte, ohne seine Finanzen zu ruinieren. Auch England oder die Vereinigten Staaten hätten ihre Mühe. Und dennoch: Wollten Deutschlands Gläubiger von Deutschland nur das bekommen, was das Land gut und gerne zahlen kann, dann müsste Deutschland eigentlich in der Lage sein, fünfzig Milliarden Goldmark zu zahlen, ohne sich zu ruinieren.

Sie werden fragen: Wie kommt es, dass Deutschland einen Betrag zahlen kann, der die derzeitigen Kapazitäten Frankreichs oder Englands übersteigt? Die Antwort ist ganz einfach: Deutschland verdankt seine Zahlungsfähigkeit der Abwertung der Mark. Diese Abwertung bedeutet für den deutschen Staat und die deutsche Wirtschaft einen gewaltigen Gewinn, und dieser Gewinn kann auf die Zahlung der Reparationen verwendet werden.

Lassen Sie mich das erläutern. Der Gewinn des deutschen Staates und der deutschen Wirtschaft speist sich aus vier Quellen: dem Verkauf von Mark ins Ausland, der automatischen und fast vollständigen Tilgung der Inlandsschulden, sowohl des Reiches als auch der einzelnen Länder und Gemeinden, der automatischen und fast vollständigen Tilgung der Schulden in Form von Bahnanleihen und der automatischen und fast vollständigen Tilgung der Hypotheken auf ländliches und städtisches Grundeigentum.

Was der Verkauf von Mark ins Ausland erbracht hat, ist nicht leicht zu errechnen. Es fehlen Statistiken, und die Schätzungen gehen auseinander. Einige Milliarden Goldmark werden es auf jeden Fall sein. Ein vollkommen statthaftes Geschäft, das Deutschland auf Kosten all jener Herrschaften getätigt hat, die die Mark einzig in der frommen Absicht gekauft haben, sich auf Kosten Deutschlands zu bereichern. Neben den anderen Gewinnen ist dieser Gewinn jedoch vergleichsweise bedeutungslos.

Das eigentliche Kapital ist die Tilgung der Schulden der öffentlichen Hand. Vor dem Krieg hatte Deutschland – Reich, Länder und die großen

Gemeinden zusammengenommen – Schulden von zwanzig Milliarden Goldmark. Zu diesem Betrag kommen noch einmal achtundsiebzig Milliarden Kriegsanleihen hinzu. Das macht insgesamt an die einhundert Milliarden Mark, deren Zinsen und Tilgung sich auf über sechs Milliarden Mark jährlich beläuft. Aber die Mark ist heute kaum noch ein Tausendstel dessen wert, was sie bei Unterzeichnung des Waffenstillstands wert war. Somit betragen derzeit die effektiven öffentlichen Schulden Deutschlands nicht einmal hundert Millionen Goldmark, und Zinsen und Tilgungen belaufen sich auf weniger als fünf Millionen Goldmark pro Jahr. Die gesamten öffentlichen Schulden Deutschlands, Reich, Länder und große Gemeinden, sind – wenn man den effektiven Wert betrachtet – geringer als die Schulden der Stadtverwaltung von Barcelona. Abgesehen von irgendeiner der winzigen Republiken Mittelamerikas, gibt es wahrscheinlich kein anderes Land, das sich in einer ähnlichen Situation befindet.

Durch den gleichen automatischen Prozess sind die Schulden durch staatliche Bahnanleihen ebenso verschwunden (fünfundzwanzig Milliarden Goldmark sind auf etwa zwanzig Millionen zusammengeschrumpft) wie die Hypotheken auf ländliches und städtisches Grundeigentum (etwa siebzig Milliarden, die auf unter siebzig Millionen gesunken sind).

Somit hat Deutschland heutzutage keine Inlandsschulden. Darüber hinaus hat sich das Schienennetz vollständig amortisiert, und das ländliche und städtische Grundeigentum ist frei von Hypotheken.

Ich sagte, das seien Gewinne, und das sind sie auch, aber natürlich handelt es sich weder für die Allgemeinwirtschaft noch für die Staatsfinanzen um absolute Gewinne. Diese Gewinne basieren auf dem Elend zahlreicher Rentiers und eines Großteils des Mittelstands und des Kleinbürgertums. Eine nur schwer zu schätzende Anzahl von Familien ist in den letzten vier Jahren langsam, aber unerbittlich enteignet worden. Diese Familien stehen heute, obwohl sie nominell die gleichen Einkünfte beziehen, in Wirklichkeit vor dem Nichts, denn während vor dem Krieg eine fünfköpfige Familie mit zehntausend Mark – um nur ein Beispiel zu nennen – ein Jahr lang problemlos ihr Auskommen hatte, reicht dieser Betrag heute nicht einmal für den Wocheneinkauf auf dem Markt. Einige aus diesen Familien sind jung und kräftig genug, um sich von dem Verlust zu erholen und sogar zu Produktivkräften zu werden. Viele andere hingegen sind zu alt und zu schwach und damit auf die Wohlfahrt angewiesen, ein Problem, das dem Staat Sorgen zu machen beginnt. Und allen ist gemeinsam, dass sie zumindest derzeit völlig außerstande sind, Steuern zu zahlen. Wer nichts hat, dem kann der Fiskus nichts abverlangen.

Wenn also die Reparationskommission verlangt, Deutschland solle zahlen, indem es die Steuern erhöht, verlangt sie Unmögliches. Gäbe es keine anderen Gründe – und es gibt sie –, so wäre der hier genannte Grund Beweis genug, dass Deutschlands Steuervermögen zwangsweise abgenommen hat. Und trotzdem fällt die Bilanz des deutschen Haushalts positiv aus, denn auch wenn sich einerseits die Steuereinnahmen verringert haben, haben sich andererseits durch den Wegfall der Inlandsschulden die Verpflichtungen des Staates in noch stärkerem Maße verringert.

Jetzt ist nur noch eines vonnöten, damit Deutschlands Haushalt wieder in die schwarzen Zahlen kommt und die Bahn, befreit von der Auszahlung der Zinsen an die Obligationsinhaber, wieder einen jährlichen Gewinn von mindestens 1,2 Milliarden Goldmark erzielt wie vor dem Krieg: Deutschland muss klar Bilanz ziehen können und wissen, welche Ausgaben und Einnahmen auf es zukommen. Dazu wiederum ist eine stabile Währung nötig, das Gold. Das Gold wird nicht normal zirkulieren, solange nicht das Vertrauen in Deutschland und damit seine Kreditwürdigkeit zurückgekehrt sind. Und Deutschland wird nicht kreditwürdig sein, solange seine Gläubiger auf dem Londoner Zahlungsplan bestehen.

Deutschlands Gläubiger sollten sich mit fünfzig Milliarden Goldmark zufriedengeben und sich verpflichten, sobald die Zahlung dieser Summe gewährleistet ist, die Besatzungstruppen abzuziehen, die neunhundert Millionen Goldmark pro Jahr kosten. Zusammen mit den Überschüssen aus Haushalt und Bahn ist dieser Betrag vollkommen ausreichend zur Zahlung der Zinsen und zur Tilgung der Schulden in Höhe von fünfzig Milliarden Goldmark. Als Sicherheit für die Kredite, die es braucht, um seine Wirtschaft wieder anzukurbeln, kann Deutschland dem Ausland darüber hinaus die Gesamtheit seines schuldenfreien ländlichen und städtischen Grundeigentums anbieten.

Aber sollten die bösen Zungen recht behalten, wird Frankreich weiterhin behaupten, dass es sein Geld sehen will, um nicht zugeben zu müssen, dass es den Rhein halten will, und Deutschland wird weiterhin behaupten, dass es zahlen wolle, was es kann, mit der Absicht, möglichst nichts zu zahlen – und dann sind alle meine Ausführungen natürlich hinfällig.

[*La Veu de Catalunya*, **1. Dezember 1922**]

Winteranbruch

Nachdem der Herbst sich Tag um Tag erfreulich lange hinzog, hat er uns jetzt endgültig Adieu gesagt. Vor drei Tagen hat es in Berlin und Norddeutschland zum ersten Mal in diesem Jahr heftig geschneit. Es friert Tag und Nacht. Wir sind mitten im Winter, und bis zum April wird sich daran nichts ändern.

Wir stehen vor dem fünften Friedenswinter. Wir zählen die Friedenswinter, wie wir zuvor die Kriegswinter zu zählen pflegten, und das bedeutet, dass wir uns noch immer nicht aus jenem schrecklichen Schwebezustand befreit haben, der vor acht Jahren begann. Besteht zumindest die Hoffnung, sich daraus zu befreien? Von Deutschland, einem ausgezeichneten, weil zentral gelegenen Bobachtungsposten aus, erscheint die Lage Europas alles andere als rosig.

Die Lage Deutschlands – soviel lässt sich sagen – ist es gewiss nicht. Der einsetzende Winter macht allen Angst. Bisher gab es zumindest Arbeit im Überfluss. Gegen Ende des Sommers war die Zahl der Arbeitslosen nicht der Rede wert, geringer als in jedem anderen Industriestaat. Da alle Industriebetriebe voll ausgelastet waren, hatten alle Arbeiter eine Beschäftigung, und Arbeit im Überfluss ist ein Faktor, der ungemein zur Beruhigung beiträgt. Wird die Arbeit jedoch knapper, kann niemand vorhersagen, wie eine von Hunger und Kälte angestachelte Arbeiterklasse reagieren wird. England hat eine äußerst schwere Krise erzwungener Arbeitslosigkeit ohne revolutionäre Erschütterungen überstanden, weil die englische Arbeiterschaft gerade eine lange Zeit des Wohlstands durchlebt hatte und der Staat zugleich finanzkräftig genug war, mit massiver Unterstützung die unmittelbaren Bedürfnisse der Arbeitslosen zu decken. Ganz anders jedoch ist die Lage in Deutschland, wo der Arbeiter seit vier Jahren nicht einen Pfennig hat sparen können und der Staat finanziell völlig den Boden unter den Füßen verloren hat. Deutschland hat derzeit nicht das nötige Potential, eine Krise des Arbeitsmarktes zu überstehen.

Und währenddessen sind die ersten beunruhigenden Anzeichen dieser Krise zu erkennen. Das riesige Kartenhaus, das auf der Inflation der Anleihen errichtet wurde, gerät ins Wanken. Betrachten wir, um nur ein Beispiel zu nennen, die Berliner Straßenbahnen. Vor anderthalb Monaten kostete eine einfache Fahrt noch zwanzig Mark; vor drei Wochen stieg der Preis auf dreißig Mark, und seit heute kostet die Fahrt fünfzig Mark, und trotz allem rechnet die Verwaltung mit einem Defizit von mehr als 500.000 Mark für den Monat Dezember und muss fast 2.000 Mitarbeitern kündigen. Da jede neue Tariferhöhung einen beträchtlichen Rückgang der Fahrgastzahlen zur Folge hatte, sieht sich die Stadtverwaltung gezwungen, überflüssiges Personal zu entlassen, um die katastrophalen Verluste nicht noch zu erhöhen.

Das gleiche geschieht bei der Post. Auf jede Tariferhöhung erfolgt ein Nachlassen des Kundenverkehrs in allen Abteilungen und vor allem eine starke Abnahme des Briefverkehrs. Und so steigt mit jedem Tag die Anzahl der Beamten, die nichts zu tun haben, und die Postverwaltung hat beschlossen, am Ende dieses Monats mit dem Personalabbau zu beginnen.

So ließen sich noch zahlreiche weitere Fälle anführen. Alle städtischen Dienstleistungsbetriebe, vor allem die Verkehrs- und Elektrizitätsbetriebe, sehen sich durch den geringeren Verbrauch gleichermaßen gezwungen, Personal abzubauen. Von Monat zu Monat steigen die Preise schneller. Gerade erst ist die Teuerungsrate für die Lebenshaltungskosten im November veröffentlicht worden: Sie beträgt 102,6 Prozent im Vergleich zum Vormonat. In den allermeisten Fällen liegt der Lohn- und Gehaltsanstieg weit unter diesem Prozentsatz, und im Falle der monatlichen Zahlungen kommt noch hinzu, dass das Geld, das Ende November unter Berücksichtigung der Teuerungsrate dieses Monats kassiert wurde, im Dezember ausgegeben werden muss, wenn die Preise noch sehr viel stärker steigen werden. Dies alles hat zur Folge, dass Hunderttausende von Familien kaum das Nötigste zum Leben haben, dass die Menschen keine überflüssige Korrespondenz verschicken und wann immer möglich zu Fuß gehen, dass in den Wohnungen das Licht nur in einem einzigen Raum brennt und so wenige Stunden wie möglich. Und so müssen die Straßenbahnbetriebe, die Post und die Gas- und Elektrizitätswerke einen Teil ihres Personals auf die Straße setzen, wodurch sich die Zahl der Leidtragenden noch erhöht.

Man darf nicht glauben, dass die Arbeitslosen leicht wieder eine Anstellung fänden. Ich sagte bereits, dass bisher die Industrie alle Arbeitskräfte beschäftigen konnte, aber die Wirtschafts- und Finanzkrise sich zu einer Krise der Industrie auszuweiten droht. Die Geldentwertung begünstigt einerseits den Export, erschwert aber zugleich mit jedem Tag den Import von ausländischem Rohmaterial, das in Gold bezahlt werden muss und ohne das ein Großteil der deutschen Industrie weder arbeiten noch produzieren kann. Es wird nicht mehr lange dauern – wenn es nicht bereits soweit ist –, bis die ersten Fabriken ganz oder teilweise schließen müssen. Die Zahl der Arbeitslosen wird steigen – und was wird dann geschehen? Vor weniger als zwei Wochen hat in Köln, in Hamburg und andernorts die Verteuerung der Lebensmittel Empörung und Aufruhr hervorgerufen. Es waren vor allem die Frauen, die wütend wurden, als sie feststellen mussten, dass das Wochengeld nicht ausreichte, um das Notwendigste einzukaufen. Das nächste Mal werden es vielleicht Frauen und Männer gemeinsam sein, und statt eines halben Dutzends Städte werden zwanzig, dreißig oder fünfzig Städte in Aufruhr sein, und kein Mensch weiß, was an diesem Tag geschehen wird.

Lösungen? Die preußische Regierung, der die Berliner Polizei untersteht, hat beschlossen, alle öffentlichen Tanzteeveranstaltungen zu verbieten. Der französische Premierminister hat zu verstehen gegeben, dass die französische Armee das Ruhrgebiet besetzen wird, sollten die Dinge sich nicht seinen Wünschen gemäß entwickeln. Jeder tut, was er kann. Es scheint jedoch, als seien die europäischen Staatsmänner verpflichtet, etwas mehr zu tun.

Berlin, 1. Dezember 1922
[*La Veu de Catalunya*, **13. Dezember 1922**]

Der Hardenprozess

Wir nennen ihn den »Hardenprozess«, denn in der Verhandlung hörte es sich tatsächlich so an, als wäre Harden der Angeklagte und nicht die Männer, die ihn an einem Nachmittag im Juli ermorden wollten. Neun Tage nach dem Anschlag auf Rathenau wurde Maximilian Harden[9] auf dem Rückweg von einem Waldspaziergang von drei mit Schraubenschlüsseln und Totschlägern bewaffneten Männern überfallen. Vor seiner Gartentür brach er unter den Schlägen der Mörder ohnmächtig zusammen. Von den Schmerzensschreien aufgeschreckt, den das Opfer beim ersten Schlag ausstieß, eilten Nachbarn und Passanten herbei, und es gelang ihnen, zwei der drei Mörder festzuhalten. Zwei Wochen lang schwebte Maximilian Harden zwischen Leben und Tod, seine Arbeit als Schriftsteller konnte er erst nach vier Monaten wieder aufnehmen. Ankermann, der flüchtige Täter, konnte bis heute nicht ausfindig gemacht werden. Grenz und Weichardt, die festgesetzten Täter, sind in Berlin vor Gericht gestellt und nach vier Verhandlungstagen der Körperverletzung ohne Tötungsabsicht für schuldig befunden worden. Weichardt wurden überdies mildernde Umstände zugebilligt. Das Gericht ist dem Urteil der Geschworenen gefolgt, auch wenn der Vorsitzende die Angeklagten während der Verhandlung mit Samthandschuhen anfasste, und hat die in diesem Fall zulässige Höchststrafe verhängt: vier Jahre und neun Monate Haft für Grenz, zwei Jahre und neun Monate für Weichardt.

Man kann rundheraus sagen, dass die Verhandlung und das Urteil im Hardenprozess eine skandalöse Verhöhnung der Gerechtigkeit darstellen. Die Tatsachen stehen unwiderlegbar fest, ebenso die Absichten. Natürlich haben die Angeklagten während des Prozesses ausgesagt, sie hätten nicht die Absicht gehabt, Maximilian Harden zu töten, sondern hätten – durch Schläge mit einem Schraubenschlüssel und einem Totschläger – nur verhindern wollen, dass er in die Vereinigten Staaten reist und dort Propaganda gegen Deutschland betreibt. Bei ihrer ersten Aussage direkt nach ihrer Verhaftung hatten die Mörder zwar offen ihre Tötungsabsicht eingestanden. Dann haben sie es sich wohl anders überlegt … Wie auch immer: Angesichts der Tatsache, dass Harden beinahe ums Leben gekommen wäre, sind die Absichten seiner Angreifer letztlich zweitrangig.

Die Geschworenen in Berlin haben das allerdings anders gesehen und sind der Darstellung gefolgt, die die Verbrecher von ihrer Tat abgegeben haben.

Eine Passage während der Verhandlungen war besonders unterhaltsam. Dem Beispiel der Philosophen und Ökonomen folgend, haben in Deutschland auch die politischen Verbrecher ihre eigene Terminologie. So haben sie zum Beispiel eine besondere Vorliebe für das Verb *erledigen*. Erledigen klingt nach »eine Arbeit beenden«. In der Korrespondenz zwischen den Mördern Rathenaus, zwischen den Verantwortlichen für den missglückten Anschlag auf Scheidemann und zwischen den Angreifern Hardens wimmelt es nur so vom Verb *erledigen* in allen Formen und Zeiten. Laut Terminologie des nationalistischen deutschen Kriminellen wurden Erzberger[10], Eisner[11], Haase[12] und Rathenau keineswegs ermordet, sondern einfach nur erledigt. Aber Hardens Angreifer behaupten, es gäbe zwei Arten, jemanden zu erledigen: eine, die man als endültig bezeichnen könnte, und eine vorübergehende. Sie hatten nie die Absicht, Harden endgültig zu erledigen, sie wollten einzig und allein seine Propagandareise in die Vereinigten Staaten verhindern. Dazu mussten sie ihn nicht umbringen, es genügte eine ordentliche Tracht Prügel, um ihm die Lust zu nehmen.

Maximilian Harden musste sich vor Gericht für diese geplante Reise in die Vereinigten Staaten rechtfertigen, als sei für einen politischen, republikanischen Schriftsteller die Überquerung des Atlantik ein unverzeihliches Verbrechen. Es genügte nicht, dass der Beschuldigte – soll heißen Harden – nachweisen konnte, dass er den Plan zu seiner Amerikareise acht Monate, bevor man ihn ermorden wollte, aufgegeben hatte.

38

Der Gerichtspräsident und die Verteidiger gaben sich damit nicht zufrieden. Was hatte Harden in den Vereinigten Staaten vor? Wer hatte ihn eingeladen? Wieviel Geld sollte er für seine Vorträge erhalten? Warum hatte er seine Reisepläne aufgegeben? Mit Engelsgeduld ertrug der Angeklagte – soll heißen Harden – die geistigen und körperlichen Strapazen dieses grotesken Verhörs. Währenddessen saßen die beiden Mörder rein der Form halber auf der Anklagebank und wollten sich schier ausschütten vor Lachen.

Die Befragung der Mörder war weit weniger scharf, dennoch konnten das Verbrechen und seine Vorbereitung zweifelsfrei nachgewiesen werden. Grenz, Vorsitzender eines vaterländischen Vereins in Oldenburg und Inhaber einer Buchhandlung, die sich durch eine große Auswahl an klassischen Drucken und pornographischen Schriften auszeichnet, hatte das Ganze angezettelt. Er unterhält enge Verbindungen zu den reaktionären Organisationen, die sich der Vorbereitung und Ausführung politischer Verbrechen verschrieben haben, und von diesen erhielt Grenz eines Tages den Auftrag, »ein paar tüchtige Männer zu finden, die dem Vaterland einen Dienst erweisen wollten«. Diese beiden Männer waren Ankermann und Weichardt. Tüchtig, bereit, dem Vaterland einen Dienst zu erweisen und wen auch immer umzubringen, wenn nur der Preis stimmte. Grenz erhielt von den reaktionären Organisationen eine beträchtliche Summe – mehrere tausend Mark –, von der ein Teil bereits im voraus an Ankermann und Weichardt ging, als Lohn für ihre Tüchtigkeit und ihren Patriotismus. Mit prall gefüllter Geldbörse verbrachten die »tüchtigen Diener des Vaterlands« ein paar fröhliche, lärmende Tage in den Kabaretts und zweifelhaften Etablissements, die es in Berlin zu Tausenden gibt. Nachdem das Geld durchgebracht war und sie nichts mehr zum Leben hatten, blieb ihnen nichts anderes übrig, als den Mord zu verüben. Ankermann floh und blieb einer Bardame fünfzehntausend Mark schuldig.

Und die Geschworenen haben tatsächlich geglaubt, auf diese »tüchtigen Diener des Vaterlands« Rücksicht nehmen zu müssen …

Bevor die Geschworenen sich zur Beratung zurückzogen, hielt Maximilian Harden eine zweistündige Rede. Es sprach der alte republikanische Schriftsteller, der überzeugte deutsche Patriot, ohne Groll, aber entschieden und ohne überflüssiges Mitleid mit seinen Mördern. »Bedenkt«, sagte er, »dass Deutschland einer feindlichen Welt gegenübersteht. Deutschland wird von der Welt beinahe so gesehen wie die Juden von den Antisemiten.« Vernünftige, maßvolle Worte. Von allen Problemen, vor denen Deutschland heute steht, ist die Wahl seiner Freunde das heikelste und zugleich das dringlichste. Ereignisse wie der skandalöse Urteilsspruch im Hardenprozess sind nicht dazu angetan, die Lösung dieses Problems zu erleichtern.

Berlin, Dezember 1922
[*La Veu de Catalunya,* **28. Dezember 1922**]

Berlin und die Besetzung des Ruhrgebiets

IM REICHSTAG

Feierliche Sitzung. Zahlreiche Abgeordnete tragen Trauer. Sitze und Tribünen sind bis auf den letzten Platz besetzt. Auf der Regierungsbank sitzen sämtliche Minister, hinter ihnen eine Schar von Staatssekretären, Verwaltungsleitern und Ministerialräten. Jeder zieht ein möglichst langes Gesicht. Kaum hat die Sitzung begonnen, wirft der Bürger Löbe, seines Zeichens Reichstagspräsident, mit donnernder Stimme den Franzosen ein paar Beleidigungen an den Kopf und hat damit lautstarken Erfolg. Alle Abgeordneten erheben sich, schreien und klatschen. Nur die Kommunisten bleiben sitzen, gleichgültig und schweigend.

Kanzler Cuno[13] hat eine dünnere Stimme als Präsident Löbe. Da er zudem wenig parlamentarische Praxis besitzt, hat er seine Reden auf einem Blatt notiert, was seinem Ansehen erheblich schadet. Er ist ein unscheinbarer Mann, aber, wie man so schön sagt, nicht auf den Kopf gefallen. Seine Rede dauerte eine halbe Stunde. »Ist es rechtens, dass die französische Armee in unsere Heimat einrückt, bis an die Zähne bewaffnet, weil wir im letzten Jahr ein paar Millionen Tonnen Kohle und ein paar tausend Telegraphenmasten nicht geliefert haben?«,[14] fragte Kanzler Cuno. Natürlich fanden alle Abgeordneten, dass dies keineswegs rechtens sei. Und auch wenn Kanzler Cuno die Zuhörer nicht zu solchen Begeisterungsstürmen hinreißen konnte wie Präsident Löbe, erhielt auch er Applaus und Zustimmung.

Dr. Stresemann[15] schloss sich im Namen der bürgerlichen Parteien dem Protest des Kanzlers an, Hermann Müller[16] im Namen der Vereinigten Sozialisten. Im Namen der Zentrumspartei stellte der Abgeordnete Marx[17] die Vertrauensfrage. Bei der Abstimmung erzielte das Votum der Katholiken 283 Stimmen. Der Reichstag hat 469 Abgeordnete. Viele Abgeordnete und wenige Wähler. Was war geschehen? Der Reichstagspräsident hatte dem alten Ledebour[18] nicht das Wort erteilen wollen, und so verweigerte ein Großteil der Sozialisten seine Teilnahme an der Abstimmung.

Und obwohl sie so feierlich begonnen hatte, endete die Sitzung im Reichstag ein wenig kläglich.

AUF DER STRASSE

Am gestrigen Sonntag, dem Tag nationaler Trauer, wurde gegen die Besetzung des Ruhrgebiets durch die französische Armee demonstriert. In Berlin haben sich die Protestierer aufgeteilt. Die Sozialistische Partei hat gesagt, sie wolle mit Monarchisten und Antisemiten nichts zu tun haben, und hat auf eigene Faust protestiert. Sie veranstaltete fünfzehn Meetings mit gewaltigem Zulauf in perfekter Ordnung, denn die Sozialisten sind heutzutage die einzige Ordnungspartei in Deutschland. Auch die Kommunisten haben protestiert: gegen die Besetzung des Ruhrgebiets, gegen den französischen und deutschen Kapitalismus und gegen alles und jeden. »Unsere Rettung«, so sagte einer der Redner, »muss aus Russland kommen.« Diese Kommunisten sind echte Scherzbolde.

Die großen Protestaktionen auf der Straße veranstalteten die bürgerlichen Parteien gemeinsam: Deutschnationale, Volkspartei, Zentrum und Demokraten. Vor dem Reichstagsgebäude und rund um das Bismarckdenkmal und die Siegessäule versammelten sich mehr als hunderttausend Menschen, genug, dass die Zeitungen schreiben können, es seien dreihunderttausend gewesen. Es war ein wunderschöner Tag, wie in Barcelona im Winter. In der Sonne war es angenehm warm. Hätte die Regierung das Tragen von Fahnen nicht verboten, um zu verhindern, dass Monarchisten (schwarz-weiß-rot) und Republikaner (schwarz-rot-gold) aufeinander eindroschen, wäre das Ganze noch schöner anzusehen gewesen.

Um zwölf Uhr mittags sollten patriotische Gesänge und Reden erschallen, dann sollte jeder nach Hause gehen. So war es geplant, doch es kam ein wenig anders. In nächster Nähe des Reichstags, am Pariser Platz, liegt die Französische Botschaft, die gestern von einigen hundert Polizisten zu Fuß und zu Pferd abgeriegelt war. Die Demonstranten versuchten gar nicht erst hinzugelangen, aber eine Reihe entschlossener junger Leute ging die Budapester Straße entlang bis zum Potsdamer Platz, wo die Interalliierte Militär-Kontrollkommission untergebracht ist. Es wurde geschrien und gedroht, dann kam die Polizei, riegelte die Gebäude der Kommission ab, und anschließend ging die patriotische Jugend dazu über – wie es in diesen Fällen guter alter Brauch ist –, Jagd auf jeden zu machen, der wie ein Ausländer aussah. Es setzte ein paar wahllos verteilte Püffe gegen ein halbes Dutzend Juden, ein paar Portugiesen und den einen oder anderen Balkanesen …

Als es dunkel wurde, gingen alle Demonstranten nach Hause, selbst die patriotischsten.

IM THEATER

Zuerst verkündete die Polizei, am heutigen Sonntag, dem Tag nationaler Trauer, dürfe es keinerlei Unterhaltung geben, weder Kino noch Theater, noch Tanzveranstaltungen. Dann sah man ein, dass dies zu teuer werden würde, und beschloss, nur die Tanzveranstaltungen zu verbieten, Theater und Kinos hingegen zuzulassen. Allerdings trug man den Direktoren auf, dafür zu sorgen, dass die Vorführungen der Würde des Tages entsprachen.

Das Philharmonische Orchester nahm Tschaikowskis Fünfte Symphonie aus dem Programm und spielte statt dessen die *Eroica* von Beethoven. Das Kino in meinem Viertel bescherte uns statt der Komödie *Die Tochter Napoleons* eine Reihe von Filmen über den Walfang, das Leben der Schildkröten und die Kaffee-Ernte in Brasilien.

Aber die anderen Theater … In der *Morgenpost* von heute ist man empört. Unter den Stücken, die gestern in den Berliner Theatern aufgeführt wurden, hat man folgende Titel entdeckt: *Bigamie, Der Mustergatte, Die Kokotte Dissy, Madame Pompadour, Dein Mund ist bezaubernd, Hals über Kopf, Dorinas Missgeschicke, Marietta, Für eine Million, Ein Jahr ohne Liebe, Verheiratet mit deiner Frau, Das Mädchen will nichts davon wissen* und so weiter und so fort. Zwar hat in allen diesen Theatern vor Beginn der Aufführung ein Vertreter des Hauses vor geschlossenem Vorhang eine patriotische Rede gehalten. »Aber das«, schreibt die *Morgenpost* aufgebracht, »ist keine Entschuldigung dafür, die Gefühle der Bevölkerung zu verletzen.«

Bei allem gebührenden Respekt gegenüber der *Morgenpost* – ich sehe das ein wenig anders. Solange es Deutsche gibt, die glauben, die Besetzung des Ruhrgebiets durch die französische Armee sei Grund genug, Ausländer durch die Straßen von Berlin zu jagen, finde ich es großartig, dass es Deutsche gibt, die am nationalen Trauertag *Dein Mund ist bezaubernd* oder *Verheiratet mit deiner Frau* ansehen. Das nennt man ausgleichende Gerechtigkeit.

Berlin, Januar 1923
[*La Veu de Catalunya*, **20. Januar 1923**]

Ruhrbesetzung und Reparationen

Als ich nach Berlin kam, sagte mir ein Freund, der hier seit zwanzig Jahren als Korrespondent für eine große italienische Tageszeitung tätig ist: »Sie werden sehen: Deutschland ist in journalistischer Hinsicht ein langweiliges Land. Jedes Diskussionsthema wird jahrelang ausgeschlachtet. Als ich hierherkam, brachten die Zeitungen Tag um Tag lange Kolumnen zum Bau des Mittellandkanals, damals ein brennendes Problem. Als zehn Jahre später der Krieg ausbrach, war der Kanal längst gebaut, aber der Streit für und wider tobte immer noch, und ich glaube, wenn der Krieg nicht gewesen wäre, hätte sich daran bis heute nichts geändert. Jetzt wird seit drei Jahren das Problem der Reparationen diskutiert. Können wir zahlen oder nicht? Werden wir zahlen oder nicht? Und jeden Tag geht es wieder von vorne los, als wäre nichts gewesen. Wappnen Sie sich also mit Geduld, denn das Ganze wird uns noch eine Weile beschäftigen.«

Ich bin nun seit über einem Jahr in Deutschland und habe feststellen müssen, dass sich die Prophezeiung meines italienischen Freundes mit unerbittlicher Regelmäßigkeit erfüllt.

Noch heute, vierzehn Tage nach der Besetzung des Ruhrgebiets, liefert die Morgenpresse den überdeutlichen Beweis, dass es kein anderes Problem gibt als die Reparationen. Sollten wir uns in den letzten zwei Wochen geirrt haben, als wir Reden schwangen, demonstrierten, mit Generalstreik drohten, den passiven Widerstand organisierten und um elf Uhr abends Cafés und Restaurants schlossen? Wir werden es wohl erst in ein paar Tagen oder Wochen erfahren. Das Vorgehen der französischen Regierung und die deutsche Antwort darauf, beide etwas überstürzt, haben auf lokaler, nationaler und internationaler Ebene Kräfte in Bewegung gesetzt, die zu lenken und aufzuhalten unkalkulierbare Schwierigkeiten mit sich bringen kann. Wie dem auch sei, das große Thema heute sind nicht etwa die Neuigkeiten, die uns aus dem Ruhrgebiet erreichen. Es ist eine offizielle Verlautbarung der Regierung, die in den Tageszeitungen veröffentlicht wird. Und darin ist folgendes zu lesen: »Wie zum wiederholten Male gesagt wurde, war und ist Deutschland jederzeit zu Verhandlungen bereit, um zu einer vernünftigen Lösung des Problems der Reparationszahlungen zu gelangen.«

Alle Proteste gegen die militärische Besetzung des Ruhrgebiets, die der Verlautbarung einen sozusagen journalistischen Anstrich verleihen, ändern nichts an der Tatsache: Deutschland erklärt offiziell, dass es jederzeit zu Verhandlungen bereit ist. Jederzeit heißt jetzt. Und wenn Deutschland hinzufügt, dass es nicht verhandeln kann, solange französische und belgische Truppen das wirtschaftliche Herzstück des Landes besetzt halten, ist diese Aussage so zu deuten, dass Deutschland weder mit Frankreich noch mit Belgien direkt verhandeln kann. Es kann aber mit Italien und vor allem mit England verhandeln. Und es kann noch mehr: Es kann in diesen Verhandlungen die Initiative ergreifen. Georg Bernhard[19], der Chefredakteur der *Vossischen Zeitung*, eine der vernünftigsten und besonnensten Stimmen Deutschlands, wenn es um die Probleme unserer Zeit geht, und ein großer Verfechter der europäischen Solidarität, schrieb letzten Sonntag: »Wir dürfen keine Zeit verlieren. Wir müssen verhandeln, und zwar gleich. Die Initiative muss von uns ausgehen. Indirekt, durch Vermittlung Englands, Italiens, der Vereinigten Staaten. Und wenn nicht, direkt mit Frankreich. Aber es ist unumgänglich, dass die Verhandlungen sofort beginnen, und es ist unsere Pflicht, nichts unversucht zu lassen, was uns erneut in Verbindung und ins Gespräch mit den Alliierten bringen könnte. Die derzeitige Lage lässt keinen anderen Ausweg zu.«

Worüber muss verhandelt werden? Einzig und allein über die Besetzung des Ruhrgebiets? Darauf würde Frankreich sich niemals einlassen. Die Besetzung muss also zusammen mit den Reparationen verhandelt werden. Und was kann und muss die Verhandlungsbasis sein?

Frankreich versucht, sein militärisches Eindringen ins Ruhrgebiet juristisch damit zu rechtfertigen, dass an den Kohle- und Kokslieferungen, die Deutschland im letzten Jahr als Reparationsleistungen zu erbringen hatte, knapp zwei Millionen Tonnen fehlten. Darüber hinaus hat es Deutschland versäumt, dreißigtausend Raummeter Holz und sechzigtausend Telegraphenmasten zu liefern. Als Folge daraus stehen heute im Ruhrgebiet mehr als 100.000 französische und belgische Soldaten, und es ist die Rede davon, weitere 100.000 zu entsenden. Und doch hat seit Beginn der Militäroperation nicht eine einzige Tonne Kohle die französische Grenze passiert.

»Scheitern der französischen Aktion auf ganzer Linie!« konstatierte dazu gestern abend die *Deutsche Allgemeine Zeitung*. Auch für einen Großteil der englischen Presse – die von allen Berliner Tageszeitungen mit erwartungsgemäßer Genugtuung zitiert wurde – ist die französische Aktion so gut wie gescheitert. Die Ereignisse zeigen, dass die Franzosen bei der Planung ihrer Aktion den deutschen Widerstand völlig unterschätzt haben. Aber mit Fug und Recht vom endgültigen Scheitern einer Aktion zu sprechen, die gerade erst vor vierzehn Tagen begonnen hat, erscheint doch mehr als fragwürdig. Von Berlin aus, dem Zentrum des deutschen Widerstands, neigt man zu mehr Bescheidenheit. Ein Deutscher, Dr. Walter Zechlin[20], stellt in der Zeitschrift *Die Glocke* das Problem folgendermaßen dar: »Es stellt sich die Frage, ob die politischen und zivilisatorischen Bindungen zwischen uns und den besetzten Gebieten sich als stärker erweisen als die wirtschaftlichen Bindungen, die Frankreich zwischen seinem Eisenerzgebiet und unserem Kohlegebiet knüpfen will.« Und obwohl Doktor Zechlin Optimist ist, mag er die Frage nicht eindeutig beantworten.

Es fällt schwer zu glauben, dass Frankreich Hunderttausende Männer mobilisiert und mehrere Millionen ausgibt (die es nicht ohne weiteres entbehren kann), um ein paar Millionen Tonnen Kohle und Koks und ein paar tausend Telegraphenmasten einzutreiben. Nein, Frankreich sucht im Ruhrgebiet die politische Lösung des Problems der Reparationen. Angesichts dessen ist die Tatsache, dass die Aktion den Franzosen bisher keine einzige Tonne Kohle eingebracht hat, völlig belanglos, denn die Besetzung des Ruhrgebiets ist nichts weiter als ein neuer Versuch, das Problem der Reparationen zu lösen. Wäre es der Kern der Verlautbarung von heute morgen, dass Deutschland bereit wäre, der französischen Lösung eine wirtschaftliche entgegenzusetzen und (faktisch, nicht nur verbal) bis an die Grenzen seiner Kapazitäten zu gehen, dann wäre dies der richtige Zeitpunkt für ein Eingreifen Englands. Es gibt aber keinen Grund zu der Annahme, dass dies der Geist der Verlautbarung ist. Die deutsche Regierung will über die Reparationen verhandeln und zugleich seine Kampagne gegen Frankreich fortsetzen. Ein kniffliges Spiel, das wahrscheinlich über die Kräfte des heutigen Deutschlands geht.

Berlin, Januar 1923
[*La Veu de Catalunya*, **30. Januar 1923**]

3.500.000.000.000

Drei Billionen fünfhundert Milliarden Mark. Das ist in runden – sehr runden! – Zahlen die Summe, die für Deutschlands Haushaltsausgaben im Jahr 1923 veranschlagt ist. Die Einkünfte aus Steuern und Zöllen werden, wie Finanzminister Dr. Hermes gestern im Reichstag verkündet hat, zwischen einer Billion neunhunderttausend Milliarden und zwei Billionen einhunderttausend Milliarden schwanken. Somit wird das Haushaltsdefizit für 1923 etwa anderthalb Billionen betragen, eine Milliarde mehr oder weniger. Die Staatsmonopole haben ihre eigenen Etats. Allein die Post rechnet mit einem Defizit von achtzig Milliarden für ihren allgemeinen Haushalt und vierundachtzig Milliarden für den Sonderhaushalt. Die Bahn glaubt, eine ausgeglichene Bilanz zwischen Einkünften und allgemeinen Ausgaben vorlegen zu können, sieht aber Sonderausgaben in Höhe von 284 Milliarden vor. In der Hoffnung, dass das Moratorium, um das Deutschland gebeten hat, gewährt wird, hat der Finanzminister das Kapitel Reparationsleistungen gar nicht erst angeschnitten; aber allein die Erfüllung des Friedensvertrags (Besatzung, Kontrollkommissionen etc.) kostet schon 206 Milliarden. Es fehlen siebzig Milliarden Mark, um in England Kohle zu kaufen, und 732 Milliarden für Verwaltungskosten.

Man kann sagen, was man will, aber es ist ein Vergnügen, mit Zahlen dieser Größenordnung zu jonglieren, und ich bin sicher, dass selbst der Finanzminister, als er gestern im ersten Teil seiner Rede den Haushalt umriss, dabei eine gewisse Wollust verspürte. Die Million wird zur Recheneinheit, und die Billion, die bisher der Astronomie vorbehalten war, hat ihren Weg in die Politik gefunden. Manchmal kann ich mich des Gedankens nicht erwehren, dass der Währungsverfall tief in der Psyche wurzelt und unbewusst gewollt ist. Der moralische Verfall und der materielle Verfall der Mark sind zwei unterschiedlich lange Parallelen. Der erste reicht längst nicht so weit wie der zweite, und der Deutsche, der eine Million Mark besitzt, erliegt selbst heute noch unweigerlich der

Versuchung, sich für einen echten Millionär zu halten. Außerdem ist es, wie man zugeben muss, für jeden Menschen ein befriedigendes Gefühl, Hunderttausende und Dutzende Millionen im Munde zu führen. Begegnen sich zwei Damen in einer Versammlung, die Frau Regierungsbaurat und die Frau Oberregierungsrat: »Schon wieder ein neues Kleid, Frau Regierungsbaurat?«

»Ach ja, ich konnte der Versuchung einfach nicht widerstehen. Ein Schnäppchen, wissen Sie? Die vier Meter Seide und die Spitzen habe ich im Räumungsverkauf erstanden, dann habe ich mir für drei Tage eine junge Näherin nach Hause kommen lassen. Ich selbst habe ihr Modell gestanden. Die Borte und der Tüll sind noch von vor dem Krieg. Und das alles zusammen für nicht einmal eine Million Mark!«

»Was Sie nicht sagen! Meine Schneiderin verlangt für das einfachste handgenähte Kleid ja schon anderthalb Millionen …«

So ist es mit allem. Nachdem er hundert Mark für die Straßenbahn, fünfhundert Mark für einen Kaffee, achttausend Mark für ein Mittagessen, zwölftausend für einen Platz im Theater, dreißigtausend für ein Hemd, dreihunderttausend für ein Kleid und eine halbe Million für eine Woche Winterurlaub in Bayern ausgegeben hat, ist der Deutsche empört und stolz zugleich. Deutschland entwickelt sich zu einem Land von Millionären, und es ist nur natürlich, dass der Finanzminister eines Volks von Millionären sich nicht mit einem Haushalt von weniger als dreieinhalb Billionen zufriedengibt. In seiner gestrigen Rede ließ Dr. Hermes sich gar nicht erst dazu herab, den Mund aufzutun, um von weniger als fünfzig Milliarden zu sprechen.

Es kommt indes immer häufiger vor, dass man ein Geschäft betritt, um etwas zu kaufen, und der Ladenbesitzer einem, wenn man die Ware zu teuer findet, entgegenhält: »Bedenken Sie: fünftausend Mark sind nicht mehr als eine Goldmark. Glauben, Sie, Sie hätten vor dem Krieg diese Strümpfe (oder diese Flasche Wein, diesen Spazierstock, dieses Huhn) für eine Goldmark bekommen?«

Da hat er recht. Und auch wir haben recht, wenn wir – mit Verlaub – Dr. Hermes, den Finanzminister der Deutschen Republik, fragen: »Glauben Sie, Sie hätten vor dem Krieg mit so wenig Geld einen Haushalt bestreiten können?«

Man darf sich nämlich nicht von der Papiermark beeindrucken lassen, auch wenn sie sich zu mehreren hundert Milliarden auftürmt. Vierundzwanzig Stunden, nachdem der Finanzminister dem Reichstag seinen beeindruckenden billionenschweren Haushalt präsentiert hat, wird der Dollar an der Berliner Börse mit 25.000 Mark notiert. Was heißt das? Das heißt, dass die drei Billionen fünfhundert Milliarden deutscher Haushaltsausgaben nicht mehr sind als 140 Millionen Dollar, es heißt, dass die für die Staatseinnahmen veranschlagten zwei Billionen nicht mehr sind als achtzig Millionen Dollar, und es heißt schließlich, dass das Defizit von anderthalb Billionen Mark nicht mehr ist als sechzig Millionen Dollar. In anderen Worten: Die Haushaltsausgaben Deutschlands für das Jahr 1923 betragen in runden Zahlen (wenn auch nicht ganz so runden wie denen von Herrn Dr. Hermes) 900 Millionen Peseten, die geplanten Einnahmen 500 Millionen und das Defizit 400 Millionen. Deutschland verfügt damit heute real über einen geringeren Etat als Spanien.

Das ist eine echte Katastrophe, und nicht etwa, weil Deutschland phantastische Summen ausgäbe, sondern, ganz im Gegenteil, weil seine Ausgaben lächerlich gering sind. Mit neunhundert Millionen Peseten können die Dienstleistungen eines modernen Staates von sechzig Millionen Einwohnern nicht angemessen bestritten werden, das steht fest. Ebenso aber steht fest, dass das Steuervermögen einer großen Industrienation von sechzig Millionen Einwohnern weit über fünfhundert Millionen Peseten betragen muss. Angesichts des von Dr. Hermes im Reichstag präsentierten Haushaltes bleibt festzustellen, dass die deutschen Verwaltungsbehörden derzeit auf ganzer Linie versagen. Mit Absicht, sagen die Feinde Deutschlands. Das zu glauben allerdings fällt schwer, denn aufgrund dieses behördlichen Versagens lebt ein Großteil der deutschen Bevölkerung im Elend. Aber wenn Dr. Hermes – vielleicht in der Annahme, dass ihm nur seine engsten Freunde zuhören – sagt, an allem sei einzig die Besetzung des Ruhrgebietes schuld, geht er ein bisschen zu weit. Die Hintergründe sind um einiges komplizierter und bedürften einer längeren Erklärung. Einer Erklärung, die lang genug ist für einen weiteren Artikel.

Berlin, Januar 1923
[*La Veu de Catalunya,* **6. Februar 1923**]

Die finanzielle Lage

Man wagt es kaum auszusprechen, dass der Dollar in dem Augenblick, in dem ich diesen Bericht schreibe, 48.000 Mark wert ist. Man wagt kaum, die Wahrheit zu sagen. Die *Berliner Zeitung am Mittag* (ohne die der Berliner, von der Portiersfrau bis zum Professor, nicht leben kann) benötigt für Satz, Druck und Auslieferung in meinem Stadtviertel etwa eine Stunde, vielleicht fünf Viertelstunden. Und wer kann schon wissen oder ahnen, was sich in einer Stunde – ganz zu schweigen von fünf Viertelstunden – nicht alles an der Berliner Börse tut? Einen befreundeten Spekulanten anrufen und ihn fragen, wie die Mark im Augenblick steht, ist ganz einfach, denn in Berlin sind im Augenblick alle Freunde, die man hat, Spekulanten und lassen den Dollar nicht eine Sekunde lang aus den Augen. Aber was nutzt es zu wissen, wie der Dollar in diesem Augenblick steht, wenn klar ist, dass unsere Informationen in ein paar Stunden, wenn dieser Artikel fertig ist, nichts mehr wert sind? Es bleibt mir also nichts anderes übrig als weiterzuschreiben, ohne mir groß den Kopf zu zerbrechen, genau wie den Deutschen nichts anders übrigbleibt als weiterzuleben, ohne zu wissen, wovon sie in der nächsten Woche existieren sollen.

Tatsächlich ist das Leben in Deutschland derzeit von Unsicherheit bestimmt. Ein altes Übel, und wenn es dieser Tage neu erscheint, so nur, weil es schwindelerregend zugenommen hat. Seit acht Monaten hat kein Beamter und kein Angestellter zwei Monate hintereinander das gleiche Gehalt kassiert, und kein Arbeiter hat drei Wochen hintereinander für den gleichen Wochenlohn gearbeitet. Es ist kein Monat vergangen, ohne dass die Preise für öffentliche Verkehrsmittel gestiegen wären, und alle vierzehn Tage sieht sich die Regierung gezwungen, einer erneuten Erhöhung der Brotpreise zuzustimmen. Jede Woche steigen die Preise für Dienstleistungen und Waren aller Art: für Straßenbahn und Rindfleisch, Theater und Schuhe, Zeitungen und Friseure, Zucker und Speck – und was es noch so alles gibt. Das hat zur Folge, dass niemand weiß, wie lange das Geld reichen wird, das er in Händen hält, und die Menschen in ständiger Unruhe leben, dass niemand an etwas anderes denkt als ans Essen und Trinken, ans Kaufen und Verkaufen, und dass es in ganz Berlin, zu Hause und auf der Straße, unter Freunden und Verwandten (und wenn die Zeitung mit dem neuen Dollarkurs erscheint, mit dem erstbesten Nachbarn am Cafétisch oder an der Bushaltestelle) nur ein Gesprächsthema gibt: den Dollar, die Mark, die Preise … Haben Sie das gesehen? Hören Sie bloß auf! Ich habe eben Wurst, Schinken und Käse für die nächsten anderthalb Monate gekauft.

Kaufen Sie heute oder Sie zahlen morgen das Doppelte. Schlimmer als Österreich. In drei Tagen sind wir bei hunderttausend. Dreihundert Mark? Ein Spottpreis! Was sagen Sie? Dreihunderttausend Mark? Wo? Das ist ja geschenkt! Sagt man einem Bekannten, dass er eine hübsche Krawatte trägt, wird man sofort mit einem Schwall von Preisen überschüttet: Krawatte, Hemd, Kragen, Hut, Socken und Schuhe, alles wird aufgelistet. Der Anzug ist zwei Jahre alt. Wer weiß, was es kosten würde, wenn Sie ihn sich jetzt nähen ließen. Und alle machen mit, immer und überall. Eine kollektive Unruhe, eine Leidenschaft hat uns ergriffen, der sich niemand entziehen kann. Nehmen Sie zum Beispiel mich: Seit acht Tagen regnet es in Berlin ununterbrochen, und seither trage ich Schuhe, die ich vor drei Jahren in England gekauft habe, als dort alles entsetzlich teuer war. Diese Schuhe haben mich, wenn man das Pfund Sterling zum heutigen Wechselkurs umrechnet … Nein, ich sage es nicht. Ich war willensstark genug, acht Tage durch Berlin zu spazieren, ohne es jemandem zu verraten, und es wäre ein Zeichen peinlicher Schwäche, würde ich es jetzt den Lesern der *Veu de Catalunya* verraten.

Die Unsicherheit ist nicht länger an Monats- oder Wochenpläne gebunden, seit dem letzten Erdbeben beherrscht sie jeden einzelnen Tag. Es lohnt sich nicht, das Dienstmädchen frühmorgens zum Einkaufen zu schicken. Vor elf Uhr gibt es beim Krämer nichts, was man braucht: keine Eier, keine Butter, kein Schmalz, keinen Kaffee, kein Öl. Wie durch ein Wunder ist ihm alles am Vortag ausgegangen, kurz vor Ladenschluss, und die neue Öllieferung ist noch nicht da. Doch die neuen Lieferungen treffen auf die Minute genau in dem Moment ein, in dem der Zeitungsjunge mit der ersten Ausgabe der *Neuen Berliner 12 Uhr* vorbeikommt, die um elf erscheint und schon die aktuellen Börsendaten enthält. Butter, Öl, Kaffee, Eier, Schmalz, alles, was das Herz begehrt, ist plötzlich wieder da. Aber natürlich sind die »neuen Lieferungen« teurer geworden. Der Kaffee (er kommt aus Brasilien, meine Dame, verstehen Sie?, und muss in Gold gezahlt werden) kostet das Doppelte, die Butter um die Hälfte mehr, und die Eier zweihundert Mark mehr das Stück. Ein Wiener Brötchen, wie man sie morgens zum Frühstück isst, hat gestern vierzig Mark gekostet. Heute neunzig!

Alles wird teurer, Tag um Tag, Stunde um Stunde, und zwar empfindlich. Die Löhne und Gehälter steigen nur jede Woche oder jeden Monat – und zwar kaum. Und der arme deutsche Michel gähnt, und er gähnt jeden Tag kraftloser. Denn über der Tatsache, dass die deutsche Regierung eine falsche Politik betreibt und ein paar Millionen Bürger fette Geschäfte machen, sollte man nicht vergessen, dass etwa sechzig Millionen Deutsche es schwer haben, sehr schwer, und sich nicht damit trösten können, dass die Regierung mit einem Eifer, der ihr leider nicht zur Ehre gereicht, jeden Tag Scheine im Wert – um es mal so zu sagen – von achtzehn Milliarden Mark druckt. Das Beispiel Russlands zeigt uns, dass multimillionäre Völker am ehesten Hungers sterben.

Berlin, Januar 1923
[*La Veu de Catalunya,* **10. Februar 1923**]

Der Haushalt und der Mechanismus
des Verfalls der Mark

Was ist geschehen seit der letzten Rede von Herrn Dr. Hermes, in der er dem Reichstag den Haushalt für 1923 vorlegte? Der Währungsverfall hat sich stärker denn je beschleunigt. Die deutsche Mark ist heute noch kaum die Hälfte so viel wert wie noch vor fünf Tagen, als Dr. Hermes die Grundlagen seines Haushaltsplans offenlegte. Alle Posten sind hinfällig, noch bevor das Parlament dazu gekommen ist, sie zu verhandeln. Angenommen, der Verfall der Mark würde sich nicht fortsetzen (eine unrealistische Annahme), dann würden schon jetzt die im Haushalt vorgesehenen Ausgaben allenfalls die Verbindlichkeiten von sieben oder acht Monaten abdecken, und wiederum angenommen (ebenso unrealistisch), die Einkünfte würden proportional steigen, so beträgt das Defizit, das sich bei Beginn dieser Artikelserie auf anderthalb Billionen belief, heute, fünf Tage später, schon zweieinhalb Billionen.

Nicht umsonst steht Dr. Hermes in dem Ruf, einer der hellsten politischen Köpfe Deutschlands zu sein. Allerdings ist er mit seiner letzten Rede, oder besser gesagt, dem politischen Teil seiner Rede, in dem er erbarmungslos gegen Frankreich wetterte und (zumindest dem Anschein nach) keinen Spaltbreit Raum für Verhandlungen einräumte, diesem Ruf nicht unbedingt gerecht geworden, und was seine Kandidatur als Nachfolger von Dr. Cuno betrifft – die Nachfolge der jetzigen Regierung steht noch offen –, so hat er viel von dem Terrain verloren, das er in letzter Zeit gewonnen hatte. Im finanziellen Teil der Rede hingegen zeigte sich das ganze Geschick des Herrn Dr. Hermes. »Was wir heute dem Parlament vorlegen«, sagte der Finanzminister, »darf nicht als Haushaltsplan verstanden werden, sondern als Programm für einen Haushalt, das den wechselnden Umständen angepasst werden muss.«

»Ein Programm für den Haushalt« heißt nichts anderes, als dass Deutschland ohne Haushalt wird auskommen müssen. Der Finanzminister hatte nicht den Mut, dies klar und deutlich zu sagen, und hat statt dessen einen Vorwand gesucht. Die Formel lautet »ein Programm für einen Haushalt, das den wechselnden Umständen angepasst werden muss.« Der Vorwand ist die Besetzung des Ruhrgebiets.

Die Franzosen besetzen das Ruhrgebiet, und die Mark fällt. Die Franzosen halten das Ruhrgebiet besetzt, und die Mark fällt weiter. Und Dr. Hermes sagt, dass sein Haushalt ein Defizit von anderthalb Billionen aufweist, weil die Mark fällt, und dass die Mark fällt, weil die Franzosen im Ruhrgebiet stehen. Das ist so, als würde die gotische Galerie des Regierungspalasts in Barcelona just in dem Augenblick einstürzen, in dem mein verehrter Freund Cunill darüber wandert, und die Architekten der Landesregierung würden behaupten, das Gewicht von Senyor Cunill habe sie zum Einsturz gebracht.

Wie ich schon in meinem vorherigen Artikel geschrieben habe, sind die Gründe für den Verfall der Mark in Wirklichkeit wesentlich komplexer. Der Mechanismus der internationalen Wechselkurse ist in der Tat kompliziert, und ich werde nicht versuchen, ihn hier im Detail zu erklären, weil das erstens zu weit führen und zweitens vielleicht an den Tag bringen würde, dass ich ihn längst nicht so gut verstehe, wie ich mir einbilde. Immerhin glaube ich behaupten zu dürfen, dass die Waage der Wechselkurse ebenso sensibel auf das Gewicht finanzieller Tatsachen anspricht wie auf das Gewicht politischer Tatsachen und dass sie oft in die eine oder andere Richtung ausschlägt, weil diese beiden Tatsachen einander nicht notwendigerweise entsprechen. Ein Beispiel: Vom 15. November bis zum 10. Januar stand die Mark mehr oder weniger stabil bei 8.000 Dollar. Gleichzeitig jedoch stiegen die schwebenden Schulden Deutschlands um etwa sechzig Milliarden pro Woche. Während allein diese Tatsache zu einem fortschreitenden Verfall der Mark hätte führen müssen, blieb diese nicht nur stabil, sondern hatte sich am 31. Dezember im Vergleich zur Mitte des Vormonats sogar erholt. Warum? Die Erklärung könnte einfacher nicht sein: Die anfängliche Sympathie, die Dr. Cunos Kabinett im Ausland entgegenschlug, die Bereitschaft (wie es hieß) der deutschen Großindustrie, für einen Teil der Reparationsschulden zu haften, die Möglichkeit, dass die Konferenzen zwischen den Alliierten zu einem befriedigenden Abschluss kämen oder dass England (es gab Leute, die dies glaubten) entschieden für Deutschland Partei ergreifen würde. Die politischen Tatsachen wogen die finanziellen Tatsachen auf, und die Auswirkungen der letzteren wurden vorübergehend ausgeglichen.

Dann kam das Scheitern der alliierten Konferenzen und die Entscheidung Frankreichs, eigenmächtig zu handeln. Die französische Armee marschierte ins Ruhrgebiet ein. Drei Tage lang blieb die Börse in Berlin stabil, in der Hoffnung auf ein Eingreifen Englands oder der Vereinigten Staaten: in der Hoffnung auf ein Wunder, das nicht eintrat. Und als sich die unmittelbare politische Lage eindeutig zuungunsten Deutschlands neigte, brach der Staudamm, den die politischen Tatsachen gegen die kolossale Anhäufung der schwebenden Schulden errichtet hatten, und der Dollar stieg innerhalb von vierzehn Tagen von zehntausend auf fünfundzwanzigtausend. Der Wechselkurs spiegelte die tatsächliche finanzielle Lage wider, ein wenig verdüstert, wenn man so will, von der Schwärze der politischen Lage.

In diesem psychologisch wichtigen Moment legt der Finanzminister dem Parlament nicht etwa einen Haushalt vor, sondern »ein Programm für den Haushalt, das sich den Umständen anpassen muss«. Was zeichnet diesen Haushalt oder, besser gesagt, dieses Programm aus? Ein Defizit von anderthalb Billionen Mark. Und wie und womit will der Finanzminister dieses Defizit ausgleichen? Gar nicht, mit nichts. Die Antwort: Innerhalb von fünf Tagen steigt der Dollar von fünfundzwanzigtausend auf fünfzigtausend.

Natürlich. Das »Programm« des Finanzministers bedeutete einen Anstieg der schwebenden Schulden um anderthalb Milliarden Mark, und da die politische Lage nun der finanziellen Lage entspricht, hat die Börse nicht standhalten können. Die Mark ist in den Keller gefallen, und das wird zu einem erneuten Anstieg der schwebenden Schulden führen, die einen weiteren Kurssturz zur Folge haben werden, solange Deutschland sich nicht zu einer anderen Finanzpolitik entschließt.

Ist diese möglich, solange die Franzosen im Ruhrgebiet stehen? Vielleicht spreche ich ein andermal darüber, jetzt nicht. Das Leben in Deutschland heute hat andere, interessantere Themen zu bieten.

Berlin, Januar 1923
[*La Veu de Catalunya*, **14. Februar 1923**]

Ankunft in Essen

Sage mir, wie in einem Land die Züge fahren, und ich sage dir, ob dort Krieg oder Frieden herrscht. Friede bedeutet Pünktlichkeit und Regelmäßigkeit im Zugverkehr. Krieg bedeutet Unsicherheit und Chaos. (Und dann gibt es natürlich Spanien, die Ausnahme, wo der Zugverkehr auch in Friedenszeiten schlecht funktioniert. Aber Spanien ist auch nicht das, was wir als »Land« bezeichnen würden.)

»Nach Essen? Mal sehen, ob wir da hinkommen«, sagte mir der Schaffner, als ich in Berlin-Charlottenburg in den Zug stieg. »Wenn wir nicht hinkönnen, müssen Sie um vier Uhr aufstehen und in Hamm umsteigen.«

Mein Abteilnachbar war auf dem Weg nach Köln. Er brauchte sich gar nicht erst vergebliche Hoffnungen zu machen. Ihm blieb nichts anderes übrig, als um vier aufzustehen, in Hamm auszusteigen und zu sehen, ob er auf Nebenstrecken oder mit der Straßenbahn nach Köln gelangte. Wenn schon zweifelhaft war, ob unser Zug ins Ruhrgebiet würde einfahren können, so war jedenfalls gewiss, dass er, einmal hineingekommen, bestimmt nicht wieder hinauskäme und daher niemals nach Köln gelangen würde, normalerweise die Endstation.

Kein Zweifel also: Im Ruhrgebiet herrscht Krieg. Am Bahnhof von Essen deutet äußerlich nichts auf die Besetzung hin. Kein einziger Soldat weit und breit. Ein einziges, eher bescheidenes Schild verweist auf die Militärbüros. Kaum treten wir auf die Straße, sehen wir ein anderes Schild, das die ganze Wand bedeckt und anzeigt, wo die Kommandantur des Platzes ist; sie ist im Gebäude des Kohlen-Syndikats untergebracht, das vor dem Einmarsch der Franzosen das Ruhrgebiet beherrschte. In riesigen Lettern steht auf französisch zu lesen: »Commandement de la place«, darunter in winziger Schrift das deutsche Wort, das der Krieg berühmt gemacht hat: »Kommandantur«. Ein Posten in blauer Uniform mit Stahlhelm und aufgepflanztem Bajonett wacht über die Unversehrtheit des Schildes. Um halb sieben Uhr morgens wird es gerade erst hell, und das Bajonett des Postens blitzt unangenehm in der Dunkelheit.

Bei der Ankunft im Hotel wiederholt sich, wenn auch in anderer Form, die Abfahrtsszene von Berlin: »Wir können Ihnen nicht garantieren, dass Sie heute Nacht hier schlafen können. Die Franzosen können das Hotel jederzeit in Besitz nehmen. Wenn Sie nicht Gefahr laufen wollen, die Nacht auf der Straße oder im Bahnhofswartesaal zu verbringen, sollten Sie Vorsichtsmaßnahmen treffen. Außerdem raten wir Ihnen, sich das Frühstück vor neun Uhr servieren zu lassen und kräftig zuzulangen, denn Sie werden in der ganzen Stadt vor vier Uhr nachmittags nichts zu essen und zu trinken bekommen.«

»Was ist los?«

»Die Franzosen haben gestern abend Dr. Schäfer verhaftet, und die Essener Arbeitgeber- und Arbeitnehmerverbände haben beschlossen, heute die Geschäfte zu schließen und bis vier Uhr nachmittags aus Protest niemanden zu bedienen.« (Dr. Schäfer ist stellvertretender Bürgermeister von Essen und führt die Amtsgeschäfte, seit Dr. Luther[21] im Kabinett Cuno zum Reichsminister für Ernährung und Landwirtschaft ernannt wurde.)

Wenn in Deutschland alle Läden geschlossen sind, so ist das weit weniger eindrucksvoll als bei uns, da weder Ladentüren noch Schaufenster mit Eisengittern gesichert sind. Dennoch bietet Essen um zehn Uhr einen außergewöhnlich erregten Anblick. Die Beschäftigungslosen verstopfen die Straßen der Innenstadt. Durch die Menschenmenge eilen einige wenige französische Soldaten und Offiziere, geschäftig und betont zerstreut, um den Menschen nicht in die Augen sehen zu müssen. Jeder Offizier wird von zwei oder vier bewaffneten Soldaten begleitet. Jeder unbewaffnete Soldat hat einen Kameraden mit aufgepflanztem Bajonett zur Seite. Von Zeit zu Zeit müssen die Leute sich auf den Bürgersteigen drängen (das gesamte Zentrum von Essen besteht aus kleinen Gassen), um eine Reihe französischer Lastwagen durchzulassen, eine Gruppe französischer Kavallerie oder eine Schwadron rasselnd daherkriechender Panzer.

Der große Bahnhofsvorplatz ist der unruhigste Ort der Stadt. Ein Dutzend deutsche Polizisten zu Pferd sorgen für Ordnung und halten die Leute vom Hotel »Handelshof« fern, in dem die französischen Offiziere untergebracht sind. Man hat das sichere Gefühl, dass nur das ständige, geduldige Einschreiten der deutschen Polizisten verhindert, dass sich die unnötig tragischen Ereignisse von Frankfurt wiederholen, so groß ist die Aufregung unter den Leuten, so sichtbar ist die Nervosität der französischen Posten, die vor dem Handelshof und dem Postgebäude Wache stehen.

Die Zeitungsstände auf dem Bahnhofsplatz sind von einer riesigen, ständig wechselnden Menschenmenge umlagert.

»Die *Essener Allgemeine*, sagen Sie? Seit gestern für vierzehn Tage eingestellt. Die *Rheinisch-Westfälische Zeitung*? Seit drei Tagen eingestellt, und man weiß nicht, wann sie wieder erscheinen kann ...«

Mit Ausnahme zweier Tageszeitungen, die aber auch schon zeitweise eingestellt waren, ist die gesamte Presse in Essen eingestellt. Der *Essener Anzeiger* erscheint ebensowenig wie die *Essener Volkszeitung*, das Organ der Zentrumspartei. Um halb elf Uhr morgens kommt eine Sonderausgabe des *Essener Anzeigers* auf den Bahnhofsplatz, eine einseitig bedruckte Viertelseite für dreißig Mark. Jeder kauft ihn und liest fieberhaft. Die Menschentrauben verdichten sich, und die Polizei vertreibt die Zeitungsverkäufer vom Platz, um Zwischenfälle zu vermeiden.

Was ist geschehen? In fetten Lettern verkündet das Extrablatt, dass am nächsten Morgen um neun Uhr der Bürgermeister von Essen vor ein französisches Kriegsgericht gestellt wird. Nur dies und den Dollarkurs: 19.323. Wie es in Berlin gang und gäbe ist, wende ich mich an meinen Nachbarn: »Was sagen Sie dazu? Der Dollar ist auf unter 20.000 gefallen.«

Der Angesprochene mustert mich von Kopf bis Fuß und kehrt mir den Rücken zu. Ein wenig beschämt mache auch ich mich davon, um andere Winkel der Stadt zu erkunden. Als ich an der Post vorbeigehe, befiehlt mir ein französischer Posten barsch, vom Bürgersteig herunterzutreten. Ich verstehe, dass in Essen der Dollarkurs wenig interessiert …

Essen, 15. Februar 1923

P.S.: Ich habe nach der französischen Besetzung absichtlich mehr als einen Monat verstreichen lassen, bevor ich ins Ruhrgebiet reiste. Ich wollte weniger die unmittelbaren, sensationellen Eindrücke schildern – was eher Nachrichten im Telegrammstil erfordert hätte –, als vielmehr vor Ort die Meinungen und Urteile der einen wie der anderen Seite über den Stand der Dinge und die Entwicklung einer schwierigen, komplexen Lage einholen. Aber auch sechs Wochen nach der Besetzung finden wir das Ruhrgebiet inmitten von Chaos und Krieg, einem Zustand, der wenig geeignet scheint, die Menschen eingehend befragen und vor allem in Ruhe schreiben zu können. Nach meiner Rückkehr nach Berlin werde ich sehen, ob der Kontakt mit den Menschen und den Tatsachen mir erlaubt, Rückschlüsse zu ziehen.

[*La Veu de Catalunya*, **25. Februar 1923**]

Im besetzten Essen

Vor dem Eingang zum Rathaus stehen französische Wachen. Vor dem Eingang zum Polizeihauptquartier stehen französische Wachen. Vor dem Eingang zur Filiale der Deutschen Bank stehen französische Wachen. Vor dem Eingang zum Stadttheater stehen französische Wachen.

»Vor dem Eingang zum Theater auch? Warum?«

»Weil dort vorgestern der *Wilhelm Tell* aufgeführt wurde.«

Wenn die Franzosen erreichen, dass der Geist Wilhelm Tells Deutschland erfasst, wird niemand behaupten können, die Besetzung des Ruhrgebiets sei zu nichts gut gewesen. Wir sprechen vom Geist Wilhelm Tells wohlgemerkt oder, wenn Sie wollen, vom Geist Schillers, nicht vom Geist Ludendorffs[22] oder Hugo Stinnes'.

Essen ist heute zweifellos ein außergewöhnlicher Ort. Ihr geht durch die Kettwiger Straße, und als ihr vor dem Schaufenster eines Messergeschäfts stehenbleibt, merkt ihr, wie jemand seine Hand in eure Manteltasche schiebt, die halb offen steht. Ihr dreht euch um und seht einen Mann, der euch im Davongehen einen verschwörerischen Blick zuwirft, während eure Hand, die ihr instinktiv in die Tasche gesteckt habt, auf ein zerknittertes Papier stößt. Es ist ein Aufruf an die Arbeiter, ihrer Pflicht als Deutsche nachzukommen und die Arbeitsangebote der Franzosen auszuschlagen.

Die Propaganda gegen die Franzosen anhand von Zetteln und Plakaten ist allgegenwärtig. Alle Mauern sind voll davon. Jeden Morgen müssen Patrouillen französischer Soldaten durch die ganze Stadt ziehen und mit den Bajonetten die neuen Plakate abreißen, die in der Nacht angebracht wurden. Flugblätter jeder Art finden sich überall: auf den Ladentheken, auf den Taxisitzen, in den Nachttischschubladen des Hotelzimmers. Keines dieser Blätter ist namentlich gekennzeichnet, und bisher ist es den Franzosen nicht gelungen, auch nur eine einzige der zahlreichen Quellen dieser Propaganda aufzuspüren, die sich Tag und Nacht über die Stadt ergießt.

Vor zwei Tagen hat die Einzelhandelskammer von Essen einen Kriegsbeschluss gefasst: Sie hat ihren Mitgliedern (das heißt allen Händlern der Stadt) untersagt, an die Besatzungstruppen zu verkaufen.

Und seit zwei Tagen – so wurde mir berichtet – haben die Händler von Essen keine ruhige Minute mehr. Patrouillen von zehn oder zwanzig französischen Soldaten, angeführt von einem Offizier oder einem Sergeanten, ziehen – manchmal zu Fuß, manchmal auf einem Lastwagen – von Laden zu Laden und ersuchen, zunächst höflich, darum, bedient zu werden. Weigern sich die Besitzer oder Angestellten, befiehlt der Patrouillenführer den Soldaten, sich selbst zu bedienen, und jeder nimmt, was ihm passt. Haben sie sich bedient, ziehen sie wieder ab, und oft nehmen sie den Besitzer mit.

Heute morgen sind alle Läden und Geschäfte aus Protest gegen die Verhaftung des Bürgermeisters geschlossen, und so können diese Operationen nicht stattfinden. Aber um die Mittagszeit – für uns die Zeit, zu der es kein Mittagessen gab – ist in unserem Hotel eine Gruppe von etwa dreißig französischen Offizieren in Begleitung eines Dolmetschers aufmarschiert.

»Diese Herren wünschen zu essen.«

»Unmöglich: Es ist nichts gekocht. Vom Personal ist bis vier Uhr nachmittags niemand da«, sagt der Besitzer.

»Die Herren sagen, ich solle Ihnen den Befehl übermitteln, Ihnen sofort das Mittagessen zu servieren ...«

»Ich habe Ihnen doch schon gesagt, dass das unmöglich ist ...«

Die Offiziere haben das Ende der Erklärungen des Hotelbesitzers gar nicht erst abgewartet, sondern sind brav in die Küche marschiert und haben sich dort alles genommen, was es an schönen Dingen gab, um sich ein kaltes Frühstück zuzubereiten. Dann haben sie sich im Speisesaal niedergelassen und sich das Essen selbst serviert.

Eine Stunde später haben die Franzosen das Hotel besetzt, Posten an der Tür aufgestellt und den Gästen eine Frist von vier Stunden zugestanden, um die Zimmer zu räumen und ihr Gepäck mitzunehmen.

Nach einem Tag in Essen, das seit anderthalb Monaten von den Franzosen besetzt ist, bin ich zu der Überzeugung gelangt, dass die militärische Präsenz im Ruhrgebiet noch nicht zur Normalität geworden ist. Dies ist aber unabdingbar dafür, dass die französische Besetzung überhaupt etwas bringt – oder irgendwann einmal bringen wird. Unter Normalität verstehe ich die Situation, wie sie während des Krieges in Belgien oder Nordfrankreich unter deutscher Besatzung anzutreffen war. Normalität in einem militärisch besetzten Land bedeutet allgemeine Unterordnung unter den Stand der Dinge – einen gewaltsam etablierten Stand der Dinge.

Von dieser allgemeinen Unterordnung unter den Stand der Dinge ist Essen noch weit entfernt, und die Franzosen scheinen entschlossen, von nun an ihre Macht direkter und entschiedener auszuüben.

Essen, 15. Februar 1923
[*La Veu de Catalunya,* **27. Februar 1923**]

Kriegsgericht

Am Rande von Essen, im Rathaus von Bredeney, befindet sich das Hauptquartier der 128. französischen Division. Etwa hundert Schritt vom Rathaus entfernt liegt die sogenannte Sängerhalle, ein Vereinslokal und Festsaal des Viertels. Die Halle ist ein einzelner, recht großer holzgetäfelter Raum mit einer Getränketheke an der rechten Seite und einer kleinen, grellbunt dekorierten Bühne im Hintergrund. Normalerweise werden in der Sängerhalle donnerstags Kinofilme vorgeführt, samstags ist Tanz und sonntags treten die Laientheatergruppe oder der Gesangsverein auf. Gestern jedoch fanden hier zwischen neun Uhr morgens und sechs Uhr abends drei Kriegsgerichtsverhandlungen statt.

DIE SZENERIE

Parallel zur Bühne ist der mit roter Glanzseide bedeckte Richtertisch aufgebaut. Zur seiner Rechten steht ein Tisch für den Staatsanwalt, den Referenten und seine Sekretäre, linkerhand ein weiterer Tisch für die Verteidigung, zwei deutsche Rechtsanwälte und zwei Sekretärinnen. Die vierte Seite des Quadrats bilden zwölf französische Soldaten in Felduniform mit Stahlhelm, Tornister und aufgepflanztem Bajonett, angeführt von einem Sergeanten, die den Richtern gegenüberstehen. Direkt hinter den Bajonetten sitzen wir Journalisten, und hinter uns das Publikum. In der Mitte des Quadrats, das vom Richtertisch, der Anklage, der Verteidigung und den bewaffneten Soldaten gebildet wird, stehen ein kleiner Tisch und zwei Stühle, einer für den Angeklagten, der andere für den Dolmetscher. Hinter dem Tisch sagen die Zeugen aus. Französische Gendarmen sind damit betraut, die Eingänge zu bewachen und die Ordnung im Saal aufrechtzuerhalten. Die kleinste Unterbrechung – ein Zwischenruf, Applaus – hätte die gewaltsame Entfernung des Publikums zur Folge. Aber weder als die Angeklagten vorgeführt werden, noch als sie vor den französischen Richtern patriotische Reden halten oder als der vorsitzende Richter die harschen Urteile verliest, ist aus dem zahlreich erschienenen Publikum die leiseste Äußerung zu hören.

RICHTER, STAATSANWALT UND VERTEIDIGER

Es gibt fünf Richter: einen Oberstleutnant, der den Vorsitz innehat, einen Hauptmann, einen Leutnant, einen Unteroffizier und einen Korporal. Von den fünfen wirkt nur der Vorsitzende militärisch: Er ist klein, stramm, adrett, hat einen freundlichen und nicht besonders intelligenten Gesichtsausdruck, schütteres graues Haar, einen glänzenden Schädel und einen – darf man wagen, es zu sagen? – nach deutscher Art gestutzten Schnurrbart. Sein Tonfall ist nie barsch oder unverschämt, aber stets befehlend. Er leitet die Debatte und folgt ihr über die ganzen neun Stunden hinweg mit unverminderter Aufmerksamkeit. Man merkt ihm an, dass er seine Arbeit gerne tut. Ganz anders das Verhalten der vier anderen Richter. Ihre schläfrigen, geistesabwesenden Mienen lassen keinen Zweifel daran, dass sie lieber etwas anderes tun würden als das hier.

Der Staatsanwalt trägt die khakifarbene Uniform der Kolonialtruppen, seine Haut ist von der Sonne Afrikas gebräunt. Er spricht wenig und so schnell, dass er sich verhaspelt. Versailler Vertrag, die Partei General Degouttes, Militärgesetzbuch, zehn Jahre Zuchthaus, drei Jahre Gefängnis, zehn Millionen Mark Strafe. Sein Leitsatz lautet: Wir müssen blindlings dreinschlagen, sonst wird unsere Lage von Tag zu Tag schlimmer.

Die Verteidiger sind zwei deutsche Rechtsanwälte, Dr. Grimm und Dr. Niedermayer. Beide sprechen französisch, der eine, Dr. Grimm, recht gut; der andere, Dr. Niedermayer, ziemlich schlecht. Sie haben sich auf verschiedene Rollen festgelegt. Dr. Grimm, Professor für internationales Recht, versucht zu beweisen, dass das Gericht nach dem Völkerrecht keine Zuständigkeit besitzt und seine Urteile nicht rechtsgültig sind. Dr. Niedermayer will die Richter überzeugen, dass die Angeklagten gar nicht tun konnten, was die französischen Autoritäten von ihnen verlangten, weil es ihnen nach deutschem Recht verboten war. Beide lassen sich viel mehr Zeit als der Staatsanwalt. Vor allem Dr. Grimm verbringt Stunden damit, zu beweisen, dass im Ruhrgebiet keine französischen Kriegsgerichte tagen können, da es außerhalb des Rheinabkommens liegt. »Das wäre nur möglich, wenn sich Deutschland und Frankreich im Kriegszustand befänden. Das ist jedoch nicht der Fall. Herr Poincaré persönlich hat wiederholt gesagt: ›Unsere Mission ist eine Friedensmission.‹«

Dr. Grimm ist einer jener blonden, molligen, einfallsreichen Deutschen.

DIE ANGEKLAGTEN

Es sind drei. Der erste ist ein dreiundsechzigjähriger stämmiger Mann mit energischer Stirn. Er heißt Havenstein und ist seit fünfzehn Jahren Bürgermeister von Oberhausen. Was hat er getan? Als Direktor der städtischen Gas- und Elektrizitätswerke hat er drei Tage lang den von den französischen Truppen besetzten Bahnhof von Oberhausen im Dunkeln gelassen. Als die Franzosen von ihm verlangten, den Strom wieder einzuschalten, hat er entgegnet, er nehme nur Befehle der deutschen Regierung entgegen.

Der zweite Angeklagte hört auf den Namen Busemann und ist Direktor der Rheinisch-Westfälischen Elektrizitätswerke, die das Hotel Kaiserhof mit Strom beliefern, in dem die Ingenieure der französischen Mission untergebracht sind. Infolge eines Sabotageakts der Arbeiter des Elektrizitätswerks war das Hotel Kaiserhof zwei Tage lang ohne Strom. Busemann wird beschuldigt, nicht die notwendigen Anordnungen zur sofortigen Behebung der Folgen des von den Arbeitern durchgeführten Sabotageaktes erteilt zu haben.

Schließlich erscheint vor den Richtern Dr. Schäfer, der Bürgermeister von Essen, angeklagt der Verweigerung von Befehlen der französischen Militärmacht. Man hat von ihm zweiundsiebzig Automobile verlangt, und er hat entgegnet, das deutsche Recht ermächtige ihn nicht, über das Privateigentum der Deutschen zu verfügen. Man hat von ihm eine bestimmte Menge Kohle für die Truppen verlangt, und er hat entgegnet, auf Befehl der Berliner Regierung sei es ihm verboten, sie auszuliefern.

Der Vorsitzende vernimmt die Angeklagten. Die französische Gesetzgebung schreibt vor, dass der Angeklagte zu fragen ist, ob er Kinder habe und wie viele. Das ist der eigentlich dramatische Augenblick der Vernehmung und des Prozesses. Alle Angeklagten sind Familienväter: Havenstein hat fünf Kinder, Schäfer vier, Busemann sieben. Unwillkürlich schauen die Richter einander an. Uns kommen die schrecklichen Worte Poincarés in den Sinn: »Deutschland hat zwanzig Millionen Einwohner zuviel.«

»AU NOM DU PEUPLE FRANÇAIS«

Das Kriegsgericht berät auf der Bühne hinter dem geschlossenen Vorhang. Fünf Minuten pro Fall sind ihm genug. Der Vorsitzende steigt von der Bühne herab und verliest mit fester Stimme die Urteilssprüche, und die Richter grüßen militärisch, als sie die ersten Worte vernehmen: »*Au nom du peuple français.*« Seit der Revolution urteilen alle französischen Gerichte im Namen des französischen Volkes.

Im Namen des französischen Volkes wird der Bürgermeister von Oberhausen zu drei Jahren Gefängnis verurteilt, der Direktor der Elektrizitätswerke zu fünf Millionen Mark Strafe und der Bürgermeister von Essen zu zwei Jahren Gefängnis und zehn Millionen Mark Strafe. Nach Verlesung des letzten Urteilsspruchs gibt der Vorsitzende bekannt, dass das Kriegsgericht am nächsten Tag fortgesetzt wird.

Nach den gemäßigten Schuldsprüchen in Mainz gegen Bergwerksbesitzer und -direktoren sind die harten Urteile von Bredeney für vergleichbare Vergehen ein Zeichen dafür, dass sich der Kriegszustand verschärft. In Essen sprach sich die Nachricht von der Verurteilung des Bürgermeisters erst am Abend herum.

Die Menschen fragten sich ängstlich, was am nächsten Tag passieren würde. Wenn allein die Verhaftung des Bürgermeisters schon Demonstrationen und geschlossene Geschäfte zur Folge hatte, was würde das Volk dann unternehmen, wenn der Urteilsspruch bekannt würde?

Aber heute hat es ununterbrochen geschneit und geregnet, und es war kälter als bisher in diesem Winter. Das Volk ist zu Hause am Ofen sitzengeblieben. Die Mächte der Vorsehung sind friedlich.

Essen, 16. Februar 1923
[*La Veu de Catalunya,* **28. Februar 1923**]

Gelsenkirchen

In diesem Land an der Ruhr, dem neuen Kriegsschauplatz, fehlt es nicht an Merkwürdigkeiten. Eine davon ist die Stadt Gelsenkirchen. Man kann sie von Essen aus in zwanzig Minuten mit dem Zug erreichen oder mit der Straßenbahn in knapp einer Stunde. Die Strecke ist mit der von Barcelona nach Badalona vergleichbar, nur dass man hier kein Blau und kein Grün zu Gesicht bekommt. Der Himmel ist niedrig und schmutzig, und die wenigen Felder, die es noch gibt, und die wenigen Bäume, die noch wachsen, sind von Kohlestaub bedeckt.

Steigt man aus dem Zug oder der Straßenbahn, findet man sich in einer modernen deutschen Stadt nach patentiertem Muster wieder. Breite, ordentlich gepflasterte Straßen, sorgfältig angelegte Plätze, eine Stadtplanung wie aus dem Bilderbuch. Ein Rathaus, ein Postamt, ein Krankenhaus, eine Schule, ein Stadttheater, alles vor zwanzig Jahren im reinsten deutschen Gotikstil des 15. Jahrhunderts erbaut. Und die Gärten und Parks von Gelsenkirchen? Die Gärten und Parks von Gelsenkirchen gleichen auf den ersten Blick den Gärten und Parks jeder anderen Stadt, die Gelsenkirchen gleicht. Aber lässt man es sich einmal erklären, sind die Gärten und Parks von Gelsenkirchen wesentlich komplizierter, als es scheint. Sie sind ein Ort der Erholung und ein Werk der Wissenschaft. Anfangs hatte Gelsenkirchen alles, nur keine Gärten, denn der Kohlestaub ließ das Gras verdorren, hinderte die Bäume am Wachsen und erstickte die Blumen. Und Gelsenkirchen hätte niemals Parks besessen, hätten nicht die deutschen Gelehrten geduldig – wie es die Wissenschaft erfordert – geforscht, bis sie Gräser und Bäume und Blumen fanden, die der Kohlestaub geradezu zum Wachsen inspirierte.

Heute hat Gelsenkirchen zauberhafte Parks.

Vor hundert Jahren war Gelsenkirchen ein Dorf, vergleichbar mit El Papiol. Vor fünfzig Jahren war es so groß wie Centelles, gegen Ende des letzten Jahrhunderts nicht ganz so groß wie Sabadell. Die Großstadt

Gelsenkirchen, die aus der Eingemeindung einiger umliegender Dörfer entstand, ist noch keine zehn Jahre alt und zählt heute mehr als zweihunderttausend Einwohner. Es ist Europas jüngste Großstadt, und die Einwohner von Gelsenkirchen erzählen, dass die Stadt auf den Militärkarten der französischen Besatzer noch als Dorf unter vielen verzeichnet ist, neben Schalke, Heßler, Bismarck, Bulmke und Ückendorf.

Wir wollen das vorsichtshalber einmal nicht glauben. Aber es stimmt, dass die Franzosen auch einen Monat nach Besetzung des Ruhrgebiets in Gelsenkirchen noch keine militärische Präsenz gezeigt hatten. »In der wichtigsten Kohlestadt Europas«, sagen die Leute, »haben sich die Truppen, die ins Ruhrgebiet entsendet wurden, um Kohle einzutreiben, noch nicht blicken lassen.« Worüber sich in Gelsenkirchen selbstverständlich niemand beklagt.

Und dann fuhr eines Abends ein Wagen mit ausgeschalteten Rücklichtern durch Gelsenkirchen. Ein deutscher Polizist hielt ihn an, ohne zu wissen, dass zwei französische Gendarmen darin saßen. Zwischen dem Polizisten und den Gendarmen kam es zu einem Handgemenge, bei dem der deutsche Polizist getötet und die beiden französischen Gendarmen verletzt wurden, einer am Bein, der andere an der Leber.

Von diesem Moment an hat Gelsenkirchen den Krieg erlebt, heftiger und direkter als jede andere Stadt im Ruhrgebiet. In den vierundzwanzig Stunden, die ich nun in der Kohlestadt bin, habe ich folgendes gesehen.

Gestern nachmittag marschierte ein französisches Regiment in Gelsenkirchen ein, um die Befehle General Degouttes auszuführen: eine Strafe von einhundert Millionen Mark einzutreiben und vor der Polizei und der Bevölkerung Stärke zu demonstrieren. Der Bürgermeister wurde verhaftet. Der Polizeichef wurde verhaftet. Vierundzwanzig Polizeioffiziere und einfache Polizisten wurden verhaftet und mit erhobenen Händen durch die Straßen der Stadt geführt. Französische Soldaten drangen in die verschiedenen Polizeiwachen der Stadt ein und schlugen alles kurz und klein: Tische, Stühle, Betten, Telefone, Fahrräder, Schränke, Türen und Fenster. In den Archiven der Sozialversicherung, die im ersten Stock eines Polizeireviers untergebracht ist, blieb nicht ein Papier heil, und es werden einige Monate vergehen, bis die Alten und Kranken von Gelsenkirchen auch nur einen Pfennig sehen. Ich glaube nicht, dass dies von General Degoutte so beabsichtigt war, aber im Krieg, der offiziell keiner ist, kann auf solche feinen Unterschiede nicht immer Rücksicht genommen werden.

Von dieser ersten Expedition kehrten die Franzosen zurück, ohne die hundert Millionen Mark eingetrieben zu haben. Die Stadtväter weigerten sich rundheraus, auch nur einen Pfennig zu zahlen, und heute morgen ist die französische Armee wiedergekommen, um zu kassieren. Um sieben Uhr morgens, bei Tagesanbruch, sind in Gelsenkirchen ein Regiment Infanterie, eine Schwadron Kavallerie, ein Trupp Maschinengewehrschützen, eine Motorradstaffel und vierundzwanzig Panzer eingerückt. Sie haben alle strategischen Punkte der Stadt besetzt, und angesichts der erneuten Zahlungsverweigerung seitens der Stadtväter hat der Führer der französischen Truppen befohlen, die Geldschränke des Rathauses und des Postamts aufzubrechen. Diese Operation hat nur etwa achtzig Millionen Mark erbracht. Daraufhin haben die Franzosen erklärt, sie würden erst abziehen, wenn sie die hundert Millionen Mark zusammenhätten ...

In dem Augenblick, in dem ich diesen Artikel beende und in den Zug steige, sind die Franzosen – Infanterie, Kavallerie, Motorräder, Maschinengewehre und Panzer – noch in Gelsenkirchen. Das bedeutet, dass sie die hundert Millionen Mark noch nicht beisammen haben. Aber ich verlasse die Stadt in der festen Überzeugung, dass dies nur eine Frage von Stunden ist.

Hundert Millionen Mark! Das sind etwa fünfzigtausend Francs. In Essen sagte mir ein Leiter der französischen Militärverwaltung, dass jeder ins Ruhrgebiet entsandte Soldat täglich mehr als fünfzig Francs kostet ...

Während sie in Gelsenkirchen fünfzigtausend Francs eintreiben, kosten die dreitausend französischen Soldaten, die damit beschäftigt sind, also 150.000 Francs täglich.

Ein gutes Geschäft.

Gelsenkirchen, 17. Februar 1923
[*La Veu de Catalunya,* **3. März 1923**]

Von Essen nach Düsseldorf.
Ein Reisebericht

»Ich möchte gern nach Düsseldorf fahren ...«

»Ganz einfach. Sie nehmen die Straßenbahn nach Mülheim. In Mülheim steigen Sie um in die Straßenbahn, die direkt nach Düsseldorf fährt. Wenn Sie Glück mit dem Anschluss haben, sind Sie in dreieinhalb Stunden dort.«

»Und der Zug ...«

»Unmöglich. Die Strecke ist in Händen der Franzosen.«

»Und nach Köln?«

»Das gleiche. Sie müssen nach Hamm, und wenn das nicht geht, nach Düsseldorf, und wenn Sie erst mal dort sind, nehmen Sie die erstbeste Straßenbahn in die englische Besatzungszone.«

Das ist das große Problem. Das Ruhrgebiet ist von der Außenwelt abgeschnitten. Nur die Strecke Essen-Berlin ist für den Personenverkehr noch offen. Zwischen den Städten innerhalb des Ruhrgebiets verkehren Züge, aber der Fernverkehr, der für die Versorgung der Besatzungstruppen und den Abtransport der Kohle nach Frankreich und Belgien von entscheidender Bedeutung ist, ist eingestellt. Ein Großteil des deutschen Personals streikt, und auf die übrigen Angestellten mussten die Franzosen angesichts ständiger Sabotageakte verzichten.

Jemand, der es gut mit mir meint, sagt: »Wenn Sie eine Genehmigung von Kommandant Simonet bekämen, könnten Sie in einem unserer Militärzüge nach Düsseldorf fahren.«

Kommandant Simonet ist der Chef der Vierten Division der Militärbahn. Er empfängt uns in einem prächtigen Büro der Bahndirektion von Essen, die von den Franzosen besetzt ist. Ich sage, ich wolle nach Düsseldorf fahren.

»Dem steht nichts entgegen. Der Zug fährt pünktlich um 3.32.«

Während mir der Kommandant die Genehmigung ausstellt, befrage ich ihn zur aktuellen Lage und dazu, wie es mit dem großen Transportproblem im Ruhrgebiet weitergehen wird. Seine Antworten erscheinen mir interessant: »Wir haben mit großen Schwierigkeiten zu kämpfen«, sagt er, »und die Ursache dieser Schwierigkeiten liegt fast ausschließlich in Berlin. Ein Großteil der Arbeiter wäre zur Zusammenarbeit mit uns bereit. Aber man hat ihnen eingeredet, die französische Besetzung sei eine Frage von Wochen, längstens Monaten, und sie haben Angst, Repressalien ausgesetzt zu sein, wenn wir erst einmal abgezogen sind. Gleichzeitig haben nationalistische Elemente unter den Arbeitern Sabotageakte verübt, die nur durch ein Wunder keine größeren Katastrophen zur Folge hatten. So ist uns nichts anderes übriggeblieben, als vorläufig auf das deutsche Personal zu verzichten und stattdessen französisches Personal kommen zu lassen, vor allem aus dem Elsass. Bald aber werden wir wieder einheimisches Personal beschäftigen. Die Formulare für Einzelverträge sind schon gedruckt.«

»Mit dem jetzigen Personal«, fährt Kommandant Simonet fort, »sind Versorgung und Transport der Truppen gewährleistet, und wir haben bereits den regulären Personenverkehr in die Wege geleitet. Zwischen Essen und Düsseldorf und Düsseldorf und Duisburg verkehren schon fahrplanmäßig Züge. Zur Zeit sind diese Züge noch Reisenden mit Sondererlaubnis vorbehalten, aber bald werden sie allen Reisewilligen zur Verfügung stehen. Es ist offensichtlich, dass die Haltung der deutschen Regierung Frankreich zwingt, das Schienennetz im Ruhrgebiet kommerziell zu nutzen. Der jetzige Zustand ist unhaltbar. Er kostet uns täglich mehrere Millionen Francs, und es liegt auf der Hand, dass die großen französischen Eisenbahngesellschaften bereit und willens wären, das Bahnnetz im Ruhrgebiet zu nutzen, und dass sie Gewinn daraus zu ziehen verstünden. Darüber wird momentan in Paris verhandelt. Wir, das Militär, bereiten nur den Boden dafür vor.«

Um Viertel nach drei bin ich am Bahnhof Essen Süd. Der Zug nach Düsseldorf, Lok, zwei Wagen dritter Klasse und ein Gepäckwagen, ist abfahrbereit. Lokführer, Heizer und Zugführer tragen Soldatenuniform. Für alle Fälle ist auf dem Gepäckwagen ein Maschinengewehr montiert. Der Zug ist fast leer. Die einzigen zivilen Reisenden sind drei französische Ingenieure von der Mission Coste, mein Kollege Tasin von der russischen Tageszeitung *Dni* aus Berlin und ich.

Die Szenerie hat etwas Familiäres.

»Fahren wir?« fragt der Zugführer den Lokführer.

»Los geht's.«

Und der Zug setzt sich – so unglaublich es scheinen mag – um Punkt 3.32 Uhr in Bewegung. Wir fahren durch den verschneiten Stadtpark und Stadtwald von Essen. Ein paar Kinder, die damit beschäftigt sind, Schlittschuh zu laufen oder mit ihren Schlitten hangabwärts zu sausen, schenken uns keinerlei Beachtung. Die Erwachsenen hingegen sehen unserem Militärzug neugierig nach, und immer mal wieder rafft sich ein Patriot trotz der schneidenden Kälte dazu auf, die Hand aus der Tasche zu ziehen und uns mit geballter Faust zu drohen.

Wir halten an allen Stationen, manchmal sogar dort, wo es keine Station gibt. Nach einer guten halben Stunde sind wir in Werden, neun Kilometer von Essen entfernt. Hier ist für unseren Zug Endstation. Wir müssen aussteigen und auf einen anderen Zug warten, der uns nach Düsseldorf bringen kann.

»Wann kommt er?«

»Er müsste eigentlich längst da sein.«

Ein schöner Trost. Bei minus sechs Grad warten wir eine Dreiviertelstunde auf den Zug nach Düsseldorf. Die Zeit vergeht langsamer als drei Wochen in Berlin oder drei Monate in Barcelona. Als der Zug eintrifft, ist er voll besetzt mit Soldaten, und im einzigen halbwegs leeren Abteil, in dem die Ingenieure der Mission Coste und wir Platz finden, sind die Fensterscheiben auf beiden Seiten eingeschlagen. Für die dreißig Kilometer von Werden nach Düsseldorf brauchen wir zwei Stunden. Wir halten an Stationen, an Bahnübergängen, mitten auf einer Brücke, neben einer Wiese, neben einem Kirschbaum und neben einem Bauern. Als wir in Düsseldorf ankommen, schnattern wir vor Kälte…

Normalerweise fahren jeden Tag sechstausend Züge im Ruhrgebiet ein und aus. In den dreieinhalb Stunden unserer Reise von Essen nach Düsseldorf ist uns kein Zug begegnet. Nicht einer.

Im Hotel angekommen, verkrieche ich mich gleich ins Bett, um mich aufzuwärmen, und schlage das *Écho de Paris* auf, das ich vor der Abfahrt am Bahnhof von Düsseldorf gekauft habe. Im Artikel von »Pertinax«[23] lese ich: »Dank unserer unablässigen Bemühungen ist es uns gelungen, den Bahnverkehr im Ruhrgebiet zu organisieren…«

Düsseldorf, 19. Februar 1923
[*La Veu de Catalunya*, **6. März 1923**]

Intermezzo in Düsseldorf

Die zwei Tage, die ich in Düsseldorf verbracht habe, waren anormale, fiebrige Tage, in denen die französische Militärverwaltung plötzlich und entschlossen in das Leben der Bevölkerung eingegriffen hat. Innerhalb von nur vierundzwanzig Stunden hat General Degoutte die Ausweisung des Regierungspräsidenten des Bezirks Düsseldorf und des Bürgermeisters der Stadt Düsseldorf verfügt. Neben diesen beiden wichtigen Persönlichkeiten wurden zahlreiche Beamte ausgewiesen, was Proteste und das Schließen von Geschäften zur Folge hatte und Anlass für geharnischte Zeitungsartikel gegen die Besatzung war, woraufhin die Zeitungen eingestellt wurden. Und dennoch ...

Dennoch herrscht in Düsseldorf Frieden. In den zwei Monaten, die sie nun hier sind, haben es die Besatzungstruppen offensichtlich verstanden, dafür zu sorgen, dass sie geduldet werden. Die französischen Soldaten und die Einwohner Düsseldorfs leben friedlich miteinander. Natürlich kann niemand behaupten, dass die Anwesenheit der französischen Truppen den Düsseldorfern Vergnügen bereitete. Beim Abzug der Besatzer würden die Düsseldorfer die Soldaten wesentlich lieber von hinten sehen als jetzt von vorn. Der Franzose ist der Feind: der Feind von gestern und vielleicht der Feind von morgen. Aber in Düsseldorf ist er nicht länger der Feind von heute, ganz im Gegensatz zum Ruhrgebiet, wo der Franzose vor allem der Feind von heute ist, der Feind, gegen den man kämpfen und den man, koste es, was es wolle, aus dem Haus jagen muss.

Abgesehen vom Bahnhof, wo Militärposten mit Gewehr bei Fuß Wache stehen, treffen die französischen Soldaten, wenn sie durch Düsseldorf spazieren, keine der Vorsichtsmaßnahmen, die die spanische Guardia Civil trifft, wenn sie in Barcelona unterwegs ist. Die Lastwagen der Militärverwaltung fahren ohne bewaffnete Posten durch die Straßen, die Soldaten tragen keine andere Waffe als einen Rohrstock in der Hand, die Offiziere betreten allein und unbewaffnet die Cafés und Vergnügungslokale und teilen mit den Deutschen Tisch und Loge. Ab und an trifft man auf den Straßen und Promenaden ein gemischtes Pärchen, das Gretchen am Arm des *poilu*, einen Franzosen und eine Deutsche in trauter Eintracht. Zu schade, dass das Geheimnis ihres Einvernehmens keinerlei politischen Stellenwert besitzt.

Seit dem Streik der Eisenbahner ist Düsseldorf, eine Stadt mit einer halben Million Einwohner, eines der komplexesten und mächtigsten Industriezentren Deutschlands, komplett von der Außenwelt abgeschnitten. Seit einem Monat besitzen die Düsseldorfer kein anderes Verkehrsmittel als die Straßenbahn. Mit der Straßenbahn kann man in irgendein Dorf der englisch besetzten Zone fahren und dort auf einen Nahverkehrszug nach Köln oder Solingen warten. Mit der Straßenbahn kann man auch in die Städte des Ruhrgebiets fahren: dreieinhalb Stunden Fahrt und dreimal umsteigen bis nach Essen, statt wie früher direkt und in einer Stunde. Die Fahrt von Düsseldorf nach Berlin oder Frankfurt – früher eine Sache von wenigen Stunden – ist zu einem schwierigen und gefährlichen Unterfangen geworden, zu dessen Durchführung man einen bis anderthalb Tage braucht.

Aber immerhin: Egal, wie schwierig und unbequem es sein mag, man kann nach Düsseldorf hinein- und wieder hinausgelangen. Ein Mann, tausend Männer, zehntausend Männer. Was nicht nach Düsseldorf hineingelangt, ist Kohle, Baumwolle und Eisen, sind die Rohstoffe, die zur Fortführung der Arbeit in den unzähligen Fabriken benötigt werden. Was aus Düsseldorf nicht hinausgelangt, sind die Industrieerzeugnisse aller Art, die die Fabriken noch immer herstellen, während allmählich die Roh- und Brennstoffe ausgehen. Von der großartigen Rheinbrücke aus, die sich in luftiger Höhe über den Fluss spannt, damit die Schiffe darunter hindurchfahren können, lässt das imposante Panorama der Stadt, die sich entlang beider Ufer erstreckt, das Ausmaß der Krise erahnen, die das Leben und die Produktion in dieser Gegend bedroht. Was wird diese riesige Stadt tun, wenn in ein paar Wochen die Situation unverändert ist, wenn die Züge weder hinein- noch hinausfahren, wenn der Rhein ein hübscher, aber nutzloser Strom bleibt wie die spanischen Flüsse?

In Düsseldorf zeigen sich erste Auswirkungen des erzwungenen Arbeitsmangels, und auf lange Sicht wird die fehlende Arbeit dazu beitragen, den passiven Widerstand zu schwächen. Von Tagesanbruch bis Sonnenuntergang finden sich auf dem Bahnhofsvorplatz von Düsseldorf Gruppen arbeitsloser Männer, die vor dem Vermittlungsbüro anstehen, das die Franzosen eingerichtet haben, um die streikenden Bahnarbeiter nach und nach durch andere deutsche Arbeiter ersetzen zu können. Zwar scheint es zur Zeit weder, als hätten die Franzosen besonderes Interesse daran, die Kapazitäten ihres Büros voll auszuschöpfen (alle viertel bis halbe Stunde dürfen zwei Arbeiter durch den schmalen Türspalt in den Bahnhof schlüpfen), noch, als wären die Deutschen allzu begierig, dem Aufruf der Franzosen Folge zu leisten. Aber wie wird das in ein paar Tagen aussehen? Und in ein paar Wochen oder Monaten?

Die Menschen mit den traurigen Gesichtern, die Arbeiter, die keine Anstellung, aber eine Familie zu ernähren haben, die sich damit abgefunden haben, Arbeit – und Brot – aus der Hand der Franzosen entgegenzunehmen, die Gruppen von dreißig bis vierzig Männern, die den Bahnhofsvorplatz von Düsseldorf bevölkern, sind ein wenig ermutigendes Zeichen für die Zukunft einer Politik der Unversöhnlichkeit.

Düsseldorf, 22. Februar 1923
[*La Veu de Catalunya*, **15. März 1923**]

Gespräche mit unbedeutenden Leuten

Der Sergeant der Militärbahndivision, ein alter Eisenbahner, mit dem ich mich in der leeren Bahnhofshalle von Düsseldorf unterhalte – dem neuen Erlass von General Degoutte zum Trotz, nach dem ein Gespräch zwischen Soldaten und unbekannten Zivilisten als Delikt geahndet wird –, sagt: »Was sollen wir fünfhundert Männer schon ausrichten? Auch wenn wir vom Fach sind, fehlt uns doch die Erfahrung mit ebendiesem Schienennetz, einem der vertracktesten der Welt, das zuvor von über hunderttausend Leuten in Gang gehalten wurde. Wir können von Glück reden, wenn es uns gelingt – und bisher ist es uns gelungen –, die Versorgungszüge in die militärisch besetzten Zentren im Ruhrgebiet zu bringen. An eine regelmäßige Nutzung des Schienennetzes ist vorläufig nicht zu denken. Sobald wir mehr Züge einsetzen würden, würde die Zahl der Unfälle steigen. Wenn es uns schon jetzt, wo die Züge in Abständen von drei oder vier Stunden verkehren, nicht gelingt, zahlreiche Unfälle zu vermeiden, würde es an dem Tag, an dem wir es wagen, den Verkehr zu erhöhen, zu einer wahren Katastrophe kommen. Es wird noch lange, sehr lange dauern, und es müssen noch sehr viel mehr Leute kommen, bis es uns aus eigener Kraft, ohne die Hilfe deutschen Personals, gelingt, ein Drittel des Verkehrsaufkommens zu erreichen, das es vor dem Streik hier gab.

Außerdem stellt die Regierung für den einfachen Dienst vorzugsweise Personal aus dem Elsass ein, weil diese Leute die deutschen Maschinen kennen und sich mit den Deutschen verständigen können. Aber oft können sie sich mit uns nicht verständigen. Einige der Unglücksfälle, die sich in den letzten Tagen ereignet haben, rührten daher, dass Lokführer und Zugführer nicht miteinander reden konnten. Und was die Loyalität des elsässischen Personals betrifft, des gesamten elsässischen Personals, wäre ich mir, ›wenn ich die Regierung wäre‹, gar nicht so sicher …«

Eine halbe Stunde, bevor ich bei ihm Filme für meine Kodak gekauft und ihn natürlich nach seiner interessanten Meinung zur Lage gefragt habe, haben zwei französische Offiziere den Laden dieses ehrbaren Fotohändlers in Essen betreten, um einen Fotoapparat zu kaufen. Der Händler hat sich geweigert, sie zu bedienen, und da haben die Offiziere den Apparat genommen, der ihnen am besten erschien, und sind seelenruhig wieder abgezogen. Der Händler sagt mir: »Sie können sich ja vorstellen, welche Sympathien ich für die Franzosen hege, und die Tatsache, dass zwei ihrer Offiziere einen Apparat für zweihunderttausend Mark haben mitgehen lassen, macht sie mir nicht unbedingt sympathischer. Ich muss aber immerhin den beiden, die den Apparat mitgenommen haben, zugute halten, dass sie bereit waren, ihn zu kaufen und zu bezahlen. Aber ich habe mich den Anordnungen des Einzelhandelsverbands unterwerfen müssen.

Das einzig sichtbare Resultat dieser Anordnung war bisher, dass ein französisches Kriegsgericht unseren Vorsitzenden zu zwei Jahren Gefängnis verurteilt hat. Und dann ist es hier und da zu Zwischenfällen gekommen wie dem, den ich gerade erlebt habe. Was soll man tun? Befolgt man die Anordnungen des Einzelhandelsverbands nicht, zieht man sich den Unwillen der anderen Händler und der gesamten Bevölkerung zu. Außerdem bin ich ein guter deutscher Patriot, befürworte die Politik des passiven Widerstands und bin bereit, dafür alle Opfer zu bringen, die man mir abverlangt. Aber ehrlich gesagt: Solange die Franzosen mit Panzern und Maschinengewehren in der Stadt und zugleich bereit sind, für das zu zahlen, was sie kaufen müssen, beschwört man Plünderungen geradezu herauf, wenn man sich weigert, ihnen etwas zu verkaufen. Ich finde es völlig in Ordnung, dass die Eisenbahner in den Ausstand treten und die Regierung in Berlin nicht einen Pfennig Reparationen zahlen will. Aber wo bleibt der Handel? Der Handel muss verkaufen, um überleben zu können…«

Der französische Offizier, ein Hauptmann der Infanterie, mit dem ich mich lange unterhalte, als ich die Quartiere der französischen Truppen in

Essen besuche, lebte bereits seit drei Jahren in Mainz, als sein Regiment den Befehl erhielt, das Ruhrgebiet zu besetzen.

»Hier sind wir nun, in Erfüllung unserer Mission«, sagt er mir, »die darin besteht, Befehle zu befolgen, ohne sie zu hinterfragen. Die französische Rheinarmee hatte keine Lust, ins Ruhrgebiet hinaufzumarschieren, und aus unserer Sicht ist unsere Anwesenheit hier keineswegs eine Frage der militärischen Ehre. Sobald man uns sagt, dass wir gehen können, werden wir ohne Bedauern das Feld räumen, je früher, desto besser.

Für uns ist unser Aufenthalt hier alles andere als angenehm. Im Rheinland fühlen wir uns mehr oder weniger zu Hause, und es ist eine ganz neue Erfahrung, hier beim Gang durch die Straßen im Blick jedes Passanten unversöhnlicher Feindseligkeit zu begegnen. Glauben Sie nicht, dass ein Kompromiss gefunden werden muss? Was sagt man im Ausland zu dem, was hier geschieht?«

Der kleine, dunkle Mann mit dem lebhaften Blick und dem bescheidenen Auftreten, der so ganz und gar nicht deutsch aussieht, ist Stadtarchitekt und übt in seinem Heimatort – einer kleinen Stadt – das Amt des Bürgermeisters aus, seit der Bürgermeister ausgewiesen und dessen Stellvertreter von den Franzosen verhaftet wurde. Er sagt: »Der passive Widerstand ist in erster Linie eine Frage von Persönlichkeiten. Was können wir schon tun, wenn die Franzosen alle Männer ausweisen oder verhaften, die den Widerstand anführen könnten? Aus Berlin kommt der Befehl zum Widerstand, und wir haben diesen Befehl nach bestem Wissen und Gewissen befolgt, weil wir ebenso wie die in Berlin davon überzeugt sind, dass es ungerecht ist, wenn die Franzosen nach vier Jahren Frieden den Krieg in unsere Heimat tragen. Aber die in Berlin müssen kapieren, dass wir ein waffenloses Volk sind und dass die französische Armee heute die stärkste der Welt ist ...

Vier Tage lang war meine Stadt von den Franzosen besetzt. Die Truppen haben Exzesse verübt; viele Bürger sind misshandelt worden. Der französische General hingegen war ein durch und durch korrekter Mann, mit dem man verhandeln konnte. Ich habe versucht, mich mit ihm zu einigen und damit zu verhindern, dass die Bürger noch mehr Ungemach erdulden mussten. Gestern sind die Franzosen dann endlich abgezogen. Was hätte ich tun sollen? Den wilden Mann spielen wie der Bürgermeister von Oberhausen? Dann säße ich schon im Gefängnis, und die Franzosen wären immer noch in der Stadt...«

So sprechen die unbedeutenden Leute und beweisen damit mehr Vernunft und Realitätssinn als die Männer in Berlin und Paris.

Essen, 23. Februar 1923
[*La Veu de Catalunya,* **18. März 1923**]

Der Widerstand der Bergarbeiter

Die Zentrale der Bergarbeitergewerkschaften des Ruhrgebiets liegt in Bochum. Bochum ist so hässlich und dynamisch wie die hässlichste und dynamischste Stadt des »Black Country« in England. Bochum ist das Herz Westfalens, und Westfalen steht in dem Ruf, die Gegend zu sein, die die übellaunigsten Deutschen hervorbringt. In Bochum sind blutige Zusammenstöße seit Beginn der Besetzung häufiger als an jedem anderen Ort im Ruhrgebiet. Allein an dem Tag, den ich in Bochum verbracht habe, hat die Rubrik »Vermischtes« einen Toten und zwei Verletzte zu verzeichnen, die auf Rechnung der französischen Truppen gehen, sowie einen Dolmetscher, der von Einheimischen brutal zusammengeschlagen wurde …

Aber ich bin nicht nach Bochum gereist, um die Rubrik »Vermischtes« zu bereichern, sondern um die Stimmungslage unter den Bergleuten zu erkunden. Derzeit ist in Deutschland eine Politik ohne die aktive oder stillschweigende Mitwirkung der Arbeiterverbände nicht möglich.

Die Bergarbeitergewerkschaft hat in Bochum ein eigenes Gebäude, in dem die Verwaltungsbüros und technischen Büros sowie die Druckerei der Tageszeitung untergebracht sind und in dem mehr als hundert Leute arbeiten. Wortführer der Kumpel und Gewerkschaftsvorsitzender ist der preußische Landtagsabgeordnete Husemann[24], und er hat mir gegenüber folgendes erklärt: »Das Ruhrgebiet ist in Deutschland immer ein Bollwerk des Antimilitarismus gewesen. Als die französischen Truppen bei uns eingefallen sind, hatten sie Schwierigkeiten, Unterkünfte zu finden. Sie mussten Cafés, Ballsäle und Turnhallen, Kinos und vielerorts Schulen und andere Räumlichkeiten requirieren, die bis dahin dem Unterricht und der Kultur gedient hatten. Und warum? Die Erklärung ist ganz einfach: weil es im Ruhrgebiet keine Kasernen gibt. Das Deutsche Reich hat nie gewagt, in diesem Zentrum der Arbeiterbewegung eine Garnison zu errichten. Das hätten die Arbeiter nicht geduldet, und aus dem gleichen Grund protestieren sie heute gegen die Präsenz der französischen Truppen und würden die Arbeit niederlegen, sobald sich das Militär in der Nähe der Zechen blicken ließe. Wir sind bereit, die Erfahrungen der ersten Tage zu wiederholen. Ein Posten an der Tür, ein französischer Offizier in den Büroräumen einer Zeche sind für die Kumpel gleichbedeutend mit einem Aufruf zum Streik. Als die Franzosen ins Ruhrgebiet einmarschierten, hofften sie darauf, die Arbeitervereinigungen seien aus Hass gegen den deutschen Kapitalismus bereit, mit ihnen zu paktieren. Doch dieses Kalkül ist nicht aufgegangen. Der Kampf gegen die deutschen Kapitalisten ist unsere Sache, dazu brauchen wir nicht die Hilfe der französischen Armee. Wenn die französische Armee eine antikapitalistische Institution ist, kann sie gerne die französischen Bergarbeiter im Kampf gegen die französischen Kapitalisten unterstützen. Unser Kampf gegen den Kapitalismus ist sehr viel weiter fortgeschritten als der Kampf der französischen Kumpel gegen den französischen Kapitalismus. Außerdem sind wir aus Tradition und Prinzip antimilitaristisch. Wenn wir während des Kaiserreichs keine deutschen Truppen hier geduldet haben, ist es nur natürlich, wenn wir vier Jahre nach Unterzeichnung des Friedensvertrages gegen die Anwesenheit der französischen Armee protestieren.«

Husemanns Worte entbehren nicht einer gewissen Logik. Aber mehr als lyrische Bekenntnisse zum Antimilitarismus interessieren mich die praktischen, technischen und politischen Aspekte des Widerstands. Danach befragt, antwortet Husemann: »Augenblicklich stellt sich die Lage folgendermaßen dar: In den Ruhrgebietszechen, die außerhalb der besetzten Zone liegen – das sind etwa fünfzehn Prozent der Produktionskapazität des Ruhrgebiets – wird Tag und Nacht so gearbeitet, dass die maximale Fördermenge erzielt wird, auch wenn sich das in Zukunft nachteilig auf den landesweiten Ertrag auswirken sollte.

Im Gegensatz dazu versuchen die Zechen innerhalb der besetzten Zone, seit das Ruhrgebiet völlig eingeschlossen und ein Export in den

Rest Deutschlands unmöglich geworden ist, ihre Förderung auf ein Minimum zu reduzieren und ein Maximum an Energie in Reparaturen und Umbauten zu investieren. Diese Politik erweist sich in zweierlei Hinsicht als vorteilhaft. Einerseits bewirkt sie, dass der Rest des Landes so wenig wie möglich unter Kohlemangel zu leiden hat, und andererseits werden die katastrophalen Auswirkungen der während des Krieges vom Generalstab angeordneten maßlosen Ausbeutung unserer Zechen ausgeglichen.«

Tatsächlich ist Deutschland durch diese Vorgehensweise in der Lage, den passiven Widerstand vorläufig ohne allzu große unmittelbare Beeinträchtigungen fortzusetzen. Die Widerständler können noch zwei, drei Monate in dieser Position verharren. Aber der Tag wird kommen, an dem es in den Zechen nichts mehr zu reparieren oder umzubauen gibt. Dann wird ihnen nichts anderes übrigbleiben, als die Arbeit einzustellen oder zu fördern. Die Arbeit einstellen wäre technisch ruinös und sozial nicht zu vertreten. Also wird gefördert werden. Und was wird mit der geförderten Kohle geschehen, wenn das Ruhrgebiet weiterhin von der Außenwelt abgeschnitten bleibt?

»Das wissen wir noch nicht. Wir denken Tag und Nacht darüber nach ...«

Wenn es genügen würde, Tag und Nacht über ein Problem nachzudenken, um es zu lösen, wäre der Triumph der Politik des passiven Widerstands nach Husemanns Worten unausweichlich. Ich jedoch bin überzeugt, dass dies nicht genügt, und so wiederhole ich meine Frage und ergänze sie noch: Sind die Arbeiter, die Kumpel vom Ruhrgebiet, mit der Politik der Berliner Regierung zufrieden? Welche Politik würden sie fordern, wenn morgen – wie es vorgestern der Fall war – an der Spitze der deutschen Regierung ein sozialdemokratischer Kanzler stünde? Husemanns Antwort ist kurz und bündig: »Wir wünschen keinen Regierungswechsel und keinen Wechsel der Politik. Kanzler Cuno kann weitermachen wie bisher. Wir werden ihn nicht stören. Die Besetzung des Ruhrgebiets durch die Franzosen ist vor allem eine Frage der Würde und des Patriotismus.«

Eine Frage des Patriotismus! Zwei Tage vor meiner Reise nach Bochum habe ich mit einer Gruppe ausländischer Journalisten eine der großen Zechen in Gelsenkirchen besichtigen können. Dort arbeiten die Kumpel, in deren Namen Husemann gesprochen hat, in einer Tiefe von siebenhundert, achthundert oder tausend Metern, mit nacktem Oberkörper, schweißgebadet, während ihnen die Atemluft in feuchten Schwaden entgegenschlägt und sie ständig in Gefahr sind, bei einer Explosion lebendig begraben zu werden.

Wenn diese Männer nach acht Stunden der Qual noch etwas von Patriotismus hören wollen und Kraft für nationalen Widerstand aufbringen, sehe ich die Zukunft des Pazifismus und des Internationalismus schwärzer als die Ruhrkohle.

Bochum, 26. Februar 1923
[*La Veu de Catalunya*, **20. März 1923**]

Die Ingenieure warten auf ihre Stunde

Wer sich im Ruhrgebiet aufhält, begegnet auf Schritt und Tritt der französischen Armee. Mal ist es ein französischer Posten, der einem den Durchgang durch eine Gasse versperrt, dann wieder ein General, der feierlich vorüberstolziert, begleitet von seinen Adjutanten und gefolgt von einer bewaffneten Eskorte. Gepanzerte Maschinengewehre findet man ebenso so häufig wie Taxen, und die Panzer beherrschen das Straßenbild. In Essen und auf den Landstraßen des Ruhrgebiets bietet sich dem Betrachter das gleiche Schauspiel wie an der Somme und in Amiens im Sommer 1916.

Wer kein gutes Gedächtnis hat, kann dabei leicht vergessen, dass all diese Soldaten und Generäle, die Panzer und Maschinengewehre aus französischer Sicht nichts anderes sind als die Begleitmannschaft einer unsichtbaren, allgegenwärtigen Kommission von Bauingenieuren. General Degoutte ist nichts anderes als der Gendarm von Monsieur Coste[25], und die fünfzigtausend Soldaten General Degouttes sind schlicht und ergreifend die Leibwache der fünfzig Ingenieure von Monsieur Coste.

Was haben diese fünfzig Ingenieure bisher getan, was tun sie, und was gedenken sie zu tun? Fragt man die Deutschen, so bekommt man zur Antwort, dass die Mission der französischen Ingenieure sich bisher darauf beschränkt hat, die Stromversorgung des Hotels Kaiserhof wiederherzustellen, die von Arbeitern der Elektrizitätswerke lahmgelegt worden war, und die Heizkörper in ebendiesem Hotel zu reparieren, die das Hotelpersonal zerstört hatte. Aber da es immer gut ist, auch die Meinung der Gegenseite einzuholen, habe ich mich bemüht, in Erfahrung zu bringen, was die französischen Ingenieure selbst über den Charakter und die Zukunft ihrer Mission zu sagen haben. Da der Leiter der Mission, Monsieur Coste, für ein paar Tage nach Paris beordert war, habe ich mich mit einem seiner engsten Mitarbeiter, mit Monsieur Frantzen[26], unterhalten. Die französischen Ingenieure sind im Hotel Kaiserhof untergebracht, wo sie von französischen Soldaten bedient werden. Tagsüber arbeiten sie in den Büros des Kohlensyndikats. Abends wagen sie sich noch nicht auf die Straße und bleiben im Hotel. Nach dem Abendessen gehen die horizontblau gekleideten Soldaten in der Hotellobby ein und aus, servieren Kaffee und Likör, und die Ingenieure spielen Schach, Poker oder Écarté. Während seine Kollegen sich diesen profanen Beschäftigungen hingeben, spricht Monsieur Frantzen mit uns über ernsthafte Dinge.

»Was wir hier tun? Nun, bisher, ehrlich gesagt, nicht allzu viel. Das ist nicht unsere Schuld. Wir wurden mit einer Mission ins Ruhrgebiet entsandt, deren Erfüllung ein Kinderspiel gewesen wäre, wäre aus Berlin nicht dieser idiotische Aufruf zum passiven Widerstand ergangen. Unsere Aufgabe bestand einzig und allein darin, die Kohlezechen sowie einige Chemiefabriken und Metallhütten zu kontrollieren, um die vollständige und pünktliche Erfüllung bestimmter Klauseln des Versailler Vertrags zu gewährleisten. Wären wir nicht auf den Widerstand der Deutschen gestoßen, würde das Wirtschaftsleben an der Ruhr heute noch völlig reibungslos funktionieren. Fünfzig Ingenieure können nicht besonders stören…«

»Nein, wer stört, ist doch eher das Militär…«

»Gewiss. Und die Deutschen tragen die Schuld daran, dass dieser Störfaktor von Tag zu Tag größer wird. Ich kann Ihnen nicht mit Gewissheit militärische Daten nennen, aber die Anzahl der Truppen, die heute im Ruhrgebiet steht, dürfte dreimal so hoch sein wie zu Beginn der Besetzung. Waren sie ursprünglich nur gekommen, um unsere Sicherheit zu gewährleisten, müssen sie nun unsere Vorhaben durchsetzen.«

»Als da wären?«

»Den widrigen Umständen zum Trotz den grundsätzlich wirtschaftlichen Charakter unserer Mission aufrechtzuerhalten und die Militärinterventionen auf das absolut Notwendige zu beschränken. Wir tun alles dafür – und werden es auch künftig tun –, um zu vermeiden, dass unsere Anwesenheit zu Konflikten zwischen der Armee und der Bevölkerung führt, und zur Vermeidung dieser Konflikte meiden wir zunächst einmal prinzipiell den Kontakt, indem wir darauf verzichten, in den Zechen und Fabriken militärische Präsenz zu zeigen. Nachdem der deutsche Kommissar den Zechen untersagt hatte, uns weiter Kohle zum Ausgleich der Reparationsforderungen zu liefern, wäre es unser gutes Recht gewesen, die Kohle aus den Zechen mit Militärgewalt zu beschlagnahmen. Dennoch haben wir versucht, so vorzugehen, dass die Arbeiter nicht direktem gewaltsamem Druck ausgesetzt waren. Als vorläufige Maßnahme haben wir uns darauf beschränkt, die Kohlezüge zu beschlagnahmen, die wir in den Bahnhöfen gefunden haben. Als endgültige Maßnahme haben wir das Ruhrgebiet abgeriegelt. Und jetzt warten wir.«

»Werden Sie lange warten?«

»Diese Frage kann ich Ihnen nicht mit Sicherheit beantworten, weil die Dauer des deutschen Widerstands derzeit von wirtschaftlichen wie psychologischen Faktoren abhängt, und letztere genau einzuschätzen ist unmöglich. Wird die moralische Erschöpfung Deutschlands mit dem Ende der materiellen Widerstandskraft zusammenfallen? Werden die Deutschen einsehen, dass Widerstand nutzlos ist und die Kapitulation unausweichlich? Niemand kann sich anmaßen, das zu wissen. Aber damit wir uns richtig verstehen« – und bei diesen Worten zeigt sich Monsieur Frantzen energischer und entschiedener denn je –, »aus unserer Sicht ist dies der einzige, absolut der einzige Unsicherheitsfaktor der Situation. Wir wissen zwar nicht, ›wann‹ es weitergehen wird, aber wir wissen sehr genau, ›wie‹. Die Fabriken arbeiten, die Zechen ebenfalls. Auch wenn die Kohleförderung inzwischen auf das Minimum dessen heruntergefahren wurde, was mit einer vernünftigen Nutzung zu vereinbaren ist, liegen die Fördermengen immer noch über dem, was Deutschland als Reparationsleistung zu erbringen hat. Die Bestände wachsen, weil von nun an ohne unsere Zustimmung keine Tonne Kohle oder irgend etwas anderes das Ruhrgebiet verlassen kann. Eines Tages werden die Bestände genutzt werden müssen. Und an diesem Tag werden die Auswirkungen der Maß-

nahmen, die wir ergriffen haben, unausweichlich und – wie ich hinzuzufügen wage – unbarmherzig zu spüren sein.«

Einen Tag, nachdem ich diese entschiedenen Äußerungen vernommen
hatte, kehrte ich nach Berlin zurück. Ich ließ Essen und das Ruhrgebiet
im Kriegszustand zurück, so wie ich es bei meiner Ankunft vorgefunden
hatte. Welcher Frieden kann und wird aus diesem neuen Krieg erwach-
sen? Die Schlussfolgerungen aus meinen Befragungen sollen Antwort auf
diese Fragen geben.

Berlin, März 1923
[*La Veu de Catalunya*, **21. März 1923**]

Vom neuen Krieg zum neuen Frieden

Nach meiner Rückkehr von der Ruhr, dem neuen Kriegsschauplatz, mit dem letzten direkten Zug von Essen nach Berlin ist es nicht leicht, die gewonnenen Eindrücke, die beobachteten Tatsachen und die gesammelten Aussagen kurz zusammenzufassen, um zu präzisen und relativ gesicherten Schlussfolgerungen zu gelangen. Ganz im Gegenteil. Um Schlüsse aus meinen Recherchen im Ruhrgebiet ziehen zu können, müsste man folgende Fragen beantworten können. Erstens: Wann und wie wird der neue Krieg enden? Zweitens: Was sind die Bedingungen für den neuen Frieden?

Während des Großen Kriegs war der Ausgang des Konflikts über so lange Zeit hinweg ungewiss, dass viele Menschen glaubten, er werde sich schließlich ohne Sieger und Besiegte ganz von allein erschöpfen. Vor allem von Mitte 1917 bis Mitte 1918 war diese Theorie, die jetzt in Hinblick auf die Ruhrbesetzung neuen Auftrieb erhält, sehr beliebt, und viele brillante Schriftsteller lieferten den – natürlich schlagenden – Beweis, dass niemand diesen Krieg gewinnen könne, weder die Deutschen noch die Alliierten, weder die Schwarzen noch die Weißen, weder die Blauroten noch die im gestreiften Hemd[27]. Welch verlockender, einfacher Vergleich zwischen Politik, Sport und Spiel! Und wie falsch! Denn weder der Krieg noch die Ruhrbesetzung sind vergleichbar mit einer Partie Schach oder einem Fußballspiel. Es fehlen die Regeln und Vorschriften, die festgelegten Spielzeiten, es fehlt die sportliche Fairness und der Schiedsrichter, also alle Voraussetzungen und Beschränkungen dafür, dass der Konflikt auf ein Unentschieden oder ein Remis hinausläuft oder das Match annulliert wird. Und auch die Beispiele anderer Kriege, die durch das Eingreifen einer dritten Macht oder mehrerer Mächte ohne den Sieg der einen oder anderen Seite beendet wurden, können nicht herangezogen werden, weil es während des Großen Krieges eben keine Macht gab, die stark genug gewesen wäre einzugreifen. Das gleiche gilt heute, und wer daran zweifelt, dem sei geraten, sich an das Ergebnis des Washingtoner Flottenabkommens²⁸ zu erinnern oder sich die kürzlich geführte Debatte im englischen Unterhaus über den Haushalt der Luftwaffe vor Augen zu führen.

Frankreich hat wiederholt betont, dass es jegliche Intervention als feindlichen Akt betrachten wird, selbst ein Eingreifen von seiten des Völkerbunds, das allerdings auch nur auf Initiative eines seiner Mitglieder erfolgen könnte. Und wenn Frankreich sich jede Einmischung Dritter zur Lösung des Ruhrkonflikts verbittet, wird niemand auf dieser Welt den Wunsch verspüren – oder den Mut haben –, sich einzumischen. Und eben weil eine Lösung des Konflikts durch Intervention ausgeschlossen ist, bleibt nur eine andere: das übliche Ende des Krieges mit einem Sieger und einem Besiegten.

Die Entschlossenheit, die Opferbereitschaft und die unleugbare Umsicht seitens der Einwohner des Ruhrgebiets, mit denen der passive Widerstand seit zwei Monaten betrieben wird, gereichen Deutschland fraglos zur Ehre. Der Mangel an Kohle, Koks und Industrieerzeugnissen aus dem Ruhrgebiet zwingt das restliche Land zu unglaublich kostspieligen Einkäufen im Ausland, um eine schwere Zwangsarbeitslosigkeit zu verhindern, und auch wenn diese Ausgaben derzeit noch zu tragen sind, weil die Reparationszahlungen vollständig ausgesetzt wurden, werden die vielen Millionen Goldmark, die jetzt nach England oder Schweden wandern, schmerzlich fehlen, sobald die Zahlungen wieder aufgenommen werden müssen. Zwar wissen Industrielle wie Arbeiter im Ruhrgebiet ganz genau, dass die Politik des Widerstands die militärische Drangsal der Besetzung verschärft, doch muss man – will man die Tatsachen nicht willentlich verdrehen – zugeben, dass der Widerstandswille und -geist der Menschen im Ruhrgebiet allgemein und ungebrochen ist und dass zumindest derzeit angebliche Meinungsverschiedenheiten zwischen Arbeiterklasse und Unternehmern nichts weiter sind als Erfindungen der Presse. Mehr noch: Die Tendenz des Handels in den Städten (und was ist das Ruhrgebiet anderes als eine einzige große Stadt?), mit den Besatzungstruppen einen *Modus vivendi* zu finden, stößt vor allem bei Gewerkschaften und Arbeitern auf Ablehnung oder gar aktiven Widerstand. Tatsächlich sind für die Arbeiter die französischen Truppen – von allen anderen Überlegungen einmal abgesehen – in erster Linie hunderttausend Männer mit vollen Taschen, die die Lebenshaltungskosten noch teurer machen, als sie es jetzt schon sind.

All dies ist unbestritten. Aber ebenso unbestritten ist, dass die Franzosen rund um das Ruhrgebiet einen Zollgürtel gelegt haben, durch den nichts und niemand hindurchschlüpfen kann. Es ist unbestritten, dass die Fabriken und Zechen des Ruhrgebiets Bestände anhäufen, deren Verteilung nicht ohne das Einverständnis der Besatzungsmacht erfolgen kann. Und es ist unbestritten, dass es den Franzosen ohne größere Mühe gelungen ist, die Sicherheitspolizei im gesamten Ruhrgebiet vollständig zu entwaffnen. Und dass Deutschland gegen die endgültigen, unumstößlichen und garantiert eintretenden Auswirkungen dieser Maßnahmen keinerlei effektive Verteidigung, keinerlei Rettungsmöglichkeit besitzt – das ist unbestrittener als alles andere.

Nachdem Deutschland den Großen Krieg verloren hat, wird es also auch den Krieg an der Ruhr verlieren. De facto hatte es ihn vom ersten Tag an verloren. Nun wird aber irgendwann einmal auf diesen Krieg, wie auf alle Kriege, zwangsläufig der Frieden folgen. Was kann Deutschland tun, wenn dieser nicht allzu ferne Tag des neuen Friedens kommt? Welche Wege werden ihm versperrt sein, welche offenstehen?

[*La Veu de Catalunya*, **28. März 1923**]

Deutschland und die Weltmeinung

Man kann heute nicht über Grundsatzfragen internationaler Politik sprechen, ohne Rücksicht auf eine unbestimmte Macht zu nehmen, die schwer zu definieren ist, aber weder ausgerottet noch ignoriert werden kann. Die Rede ist von der sogenannten »Weltmeinung«. Es gibt niemanden, der nicht von ihr spricht, keinen Staatsmann, der ihre Bedeutung gering schätzt. Wie tieftraurig klang die Rede Dr. Cunos vor dem Reichstag, als er von Deutschlands Einsamkeit sprach und eingestehen musste, dass Deutschland in dieser schweren Stunde nicht in die Geborgenheit der Weltmeinung gebettet ist!

Um jedoch zu verstehen, was wir meinen, wenn wir von der Weltmeinung sprechen, sollte man diesen schwammigen Begriff so genau wie möglich definieren. Die Weltmeinung ist durch die simple Anwendung des Gesetzes der Mehrheit nur schwer zu messen; sie beruht vielmehr auf dem richtigen Wie und Wann bestimmter kollektiver Strömungen und Empfindungen, deren Macht und Wirkungskraft sich eben aus diesem Wie und Wann speist. Um nur das jüngste und deutlichste Beispiel zu nennen: Die Weltmeinung ist das, was Deutschland während des Großen Krieges *nicht auf seiner Seite hatte*. Die schwedischen Konservativen, die irischen Republikaner, die Deutschschweizer, Giolitti und König Konstantin von Griechenland, die englischen Sozialisten, Raisuni[29], das spanische Militär und die *Gaceta de Cataluña* – sie alle waren weiß Gott den Deutschen wohlgesonnen. Aber niemand konnte behaupten, diese Kräfte – einige von ihnen ausgesprochen respektabel, andere weit weniger oder gar nicht – hätten die Weltmeinung repräsentiert. Nein. Die Weltmeinung war auf Seiten der Alliierten, die den Krieg gewannen. Könnte sie je auf Seiten der Verlierer sein?

Wie auch immer. Den grundlosen Klagen Kanzler Cunos zum Trotz hat Deutschland heute die Weltmeinung auf seiner Seite. Frankreich kann weder für eine längerfristige Besetzung des Ruhrgebiets noch für

Annexions- oder Interventionspläne im Rheinland, die über die im Versailler Vertrag vorgesehene Entwaffnung hinausgehen, auf Sympathien und Zustimmung rechnen, die es vor dem Krieg hatte. Aus der Erfahrung der letzten Jahre klug geworden, will die Welt – wie Lloyd George deutlich, wenn auch ein wenig plump formulierte – kein neues Elsass-Lothringen. Und es steht zu bezweifeln, dass Frankreich es will.

Aber schwerer als mögliche Ambitionen Frankreichs wiegt derzeit Deutschlands Verhalten, das auf der Überzeugung fußt (der ehrlichen, wie wir annehmen wollen), dass Frankreichs annexionistische Absichten ernst zu nehmen sind. Diese Überzeugung ist unter den Deutschen weit verbreitet, und nirgends so fest und ungebrochen wie unter den Einwohnern des Ruhrgebiets. Zwischen Duisburg und Dortmund, Buer und Werden gibt es niemanden, der nicht glaubt, ein Stück deutscher Erde gegen den französischen Herrschaftsanspruch zu verteidigen. Niemand glaubt, dass die Franzosen ins Ruhrgebiet einmarschiert sind, um eine Lösung für das Problem der Reparationen zu finden. Ich sehe noch immer den alten Minenarbeiter und jetzigen Gewerkschaftsführer vor mir, einen der Köpfe des passiven Widerstands, wie er ein Paket mit Unterlagen schwingt wie eine Spitzhacke und ruft: »Die Reparationen? Die Kohle? Dass ich nicht lache. Die Kohlemenge, die Deutschland zu liefern versäumt hat, beträgt 4,7 Prozent der mit der Reparationskommission vereinbarten Gesamtmenge. Vier Komma sieben Prozent! Und unter diesem lächerlichen Vorwand lässt Frankreich hunderttausend Männer an der Ruhr aufmarschieren.«

Dieser Kumpel sagte, was hundert andere zuvor auch schon gesagt hatten.

Aber wenn er Recht hat, wenn das Versäumnis Deutschlands bei der Kohlelieferung nichts weiter sein sollte als ein Vorwand, dann ist das allein schon Beweis genug dafür, dass Frankreich einen Vorwand brauchte. Und wenn Frankreich sich dieses lächerlichen Vorwands bediente, ist anzunehmen, dass es keinen besseren gefunden hat. Frankreich – so die deutsche Sichtweise – wollte um jeden Preis ins Ruhrgebiet einrücken und brauchte nur einen Vorwand dazu. Es hat den erstbesten genommen. Unter dem Deckmäntelchen der Besetzung führt Frankreich einen Eroberungskrieg gegen Deutschland, und Deutschland bleibt nichts anderes übrig, als sich zu verteidigen.

Lassen wir einmal die Frage außer Acht, ob Deutschland pünktlich die gesamte Kohlemenge hätte liefern und Frankreich damit – jedenfalls im Augenblick – den Vorwand nehmen können. Für Deutschland ist heute allein interessant, ob die Methoden, derer es sich bedient, geeignet sind, das Rheinland vor der französischen Herrschaft und das Ruhrgebiet vor einer unbegrenzten Besetzung zu retten. Und nachdem ich die Dinge aus der Nähe gesehen habe, kann ich diese Frage nicht bejahen.

Ganz im Gegensatz zur gängigen Meinung stellt sich heute das Problem des Ruhrgebiets ganz einfach dar. Frankreich hat das Land besetzt und kann es wirtschaftlich nicht nutzen, hat es aber vom Rest der Welt isoliert und kann diesen Zustand für eine unbegrenzte Zeit aufrecht erhalten. Über kurz oder lang wird diese bankrotte Kommanditgesellschaft – denn abgeschnitten von der Außenwelt und ohne die Möglichkeit zu exportieren, ist das Ruhrgebiet nichts anderes als ein bankrottes Unternehmen – zugrunde gehen. Und in diesem Augenblick wird auch der passive Widerstand zuende sein. Der Krieg wird zuende sein, und die Friedensverhandlungen werden beginnen.

Wenn sich allerdings in der deutschen Regierung ein Staatsmann wie Rathenau fände, würde dieser nicht warten, bis es soweit ist. Er würde das Problem so schnell wie möglich vom Schlachtfeld holen und an den Verhandlungstisch bringen. Er würde keine Vorbedingungen stellen – wer Lösungen will, stellt keine – und auch nicht darauf warten, dass England oder die Vereinigten Staaten die Initiative ergreifen. Er selbst würde es tun. Und wenn er dann mithilfe der Weltmeinung das Rheinland und das Ruhrgebiet vor jedweder möglichen bösen Absicht der Franzosen gerettet hätte, würde er sich voller Eifer und Freude daran machen, so

rasch wie möglich die Reparationen abzuzahlen, wie die Kriegsentschä-
digungen seit fünf Jahren genannt werden. Der Friede in Europa hätte
gewonnen, und Deutschland würde nicht mehr verlieren als das, was es
sowieso verlieren muss.

Berlin, März 1923
[*La Veu de Catalunya*, **5. April 1923**]

Eine Stimme gegen die internationale Anleihe

Mir wurde berichtet, der katalanische Philosoph Francesc Pujols – mein verehrter Lehrer – habe während des Kriegs einem Zirkel germanophiler Freunde angehört. Aufmerksam lauschte Meister Pujols, der höflichste Mann, den man sich vorstellen kann, den Ansichten und Diskussionen, gab von Zeit zu Zeit durch eine Geste oder ein Wort seine Zustimmung zu erkennen und sagte, wenn durch die ständige, langanhaltende Reibung übereinstimmender Meinungen die Temperatur im Zirkel einen Höchstgrad an Begeisterung und Zuversicht erlangt hatte: »Schade nur, dass Deutschland verlieren wird.«

    Etwas Ähnliches wie das, was sich im germanophilen Zirkel mit Francesc Pujols abspielte, geschieht derzeit in Deutschland mit dem englischen Wirtschaftswissenschaftler Keynes, dem Diagnostiker der wirtschaftlichen Krankheiten des Friedens, dem brillanten Kritiker des Versailler Vertrags, dem hervorragendsten Verteidiger deutscher Zahlungsunfähigkeit. Seit der Unterzeichnung des Vertrags und der Veröffentlichung des sensationellen Buchs von Keynes[30] ist einige Zeit vergangen, das Problem der Reparationen ist endlos studiert und diskutiert worden, bedeutende Männer haben gleichermaßen den schlagenden Beweis dafür erbracht, dass Deutschland schon viel gezahlt hat und deshalb gar nichts mehr oder nur noch sehr wenig zahlen kann, wie zweifelsfrei nachgewiesen, dass Deutschland bisher sozusagen keinen Pfennig gezahlt hat und deshalb noch Dutzende von Milliarden bezahlen kann. Allerorts haben Konferenzen stattgefunden: in Palästen, Ministerien und Bauernkaten; in der Ebene, am Meer und in den Bergen. Unzählige Angebote wurden gemacht: von Deutschland an die Alliierten, von der Reparationskommission an Deutschland, von England an Frankreich, von Deutschland an England, von amerikanischen Bankern an die Reparationskommission, von Italien an die Vereinigten Staaten. Diese Angebote wurden im Prinzip abgelehnt, im Prinzip angenommen, als Diskussionsgrundlage akzeptiert, erneuert, verändert und zuletzt stets für inakzeptabel erklärt. Das alles war sehr lebhaft, manchmal recht unterhaltsam, andere Male ziemlich langweilig, herausragend und sehr beunruhigend. Aber wenigstens sah es so aus, als wäre bei dem ganzen Durcheinander zuletzt eine klare Idee herausgekommen: die internationale Anleihe. Es schien, als könne über diesen Punkt kein Zweifel bestehen. Wie hoch die deutschen Schulden letztendlich auch sein mögen, wie auch immer die Zahlungsmodalitäten aussehen, die internationale Anleihe sollte die Grundlage für all jene finanziellen Operationen bilden, mit denen das Problem der Reparationsleistungen gelöst werden konnte. Deutschland fordert die internationale Anleihe, Frankreich steht ihr positiv gegenüber, England hat nichts gegen sie einzuwenden, und die Vereinigten Staaten sagen weder ja noch nein. Einzig Keynes, von Hause aus ein eingefleischter Spielverderber, ist gegen die Anleihe, und er legt seine Gründe in einem Artikel dar, der kürzlich in der Londoner *Nation* und gleichzeitig im *Berliner Tageblatt* erschienen ist.

Keynes Argumentation ist englisch, soll heißen, einfach, klar und auf der Erfahrung basierend. Die internationale Anleihe, durch die Deutschland sofort über eine Mindestsumme von einer Milliarde Pfund Sterling verfügen können müsste, um die Reparationsschulden zu begleichen, ist laut Keynes eine Unmöglichkeit, eine Schimäre und überdies eine nutzlose Aktion. Diese Anleihe müsste beinahe vollständig in New York und London gezeichnet werden, andere neutrale Orte würden nur eine untergeordnete Rolle spielen. Die Frage ist also einfach nur, ob Deutschland in London und New York die Summe von einer Milliarde Pfund Sterling auftreiben kann.

Diese Frage verneint Keynes rundheraus, und er begründet dies mit stichhaltigen Präzedenzfällen. So haben die englischen Kapitalisten der indischen Regierung insgesamt nicht mehr als zweihundert Millionen englische Pfund überlassen, wobei man überdies berücksichtigen muss, dass sich diese Summe aus einer ganzen Reihe von Transaktionen ergibt, die über viele Jahre hinweg stattfanden, und dass die meisten dieser Transaktionen auf dem Export britischer Industriegüter nach Indien beruhten, in erster Linie Material zum Eisenbahnbau. Die Gesamtsumme der Kredite, die dem Rest des British Empire gewährt wurden – *dominions*, Kolonien, Grafschaften und Gemeinden des Königreichs –, beträgt nicht mehr als fünfhundert Millionen englische Pfund, eine Summe, die zugleich der Gesamtheit der geleisteten Kapitalinvestitionen in einem halben Jahrhundert entspricht. Alle Anleihen, die in London von ausländischen Regierungen getätigt wurden, ergeben zusammengenommen nicht mehr als vierhundert Millionen Pfund. Die Summe, die letztes Jahr der Londoner Börse für Auslandsinvestitionen zur Verfügung stand, belief sich auf weniger als einhundert Millionen Pfund, und die meisten Gelder waren mit acht oder neun Prozent verzinst. An der New Yorker Börse liegen die Kapitalinvestitionen im Ausland noch unter dieser Summe, und auch hier waren die Zinsforderungen sehr hoch. Und wie sollte nun Deutschland, fragt Keynes, das Wunder vollbringen, in London und New York eine Milliarde Pfund zu einem niedrigen Zinssatz aufzutreiben, nur um sie sogleich an Frankreich und Belgien auszuhändigen? Und angenommen, dieses Wunder würde geschehen: Was würden Frankreich und Belgien mit diesem Betrag tun? Nur eines: ihn sofort in eine neue Anleihe investieren, aus dem Kapital Jahresraten herausholen.

Die große internationale Anleihe ist also laut Keynes unmöglich, und selbst wenn sie möglich wäre, dürfte sie dennoch nicht durchgeführt werden, weil sie nutzlos wäre. Die Lösung des Problems der Reparationsleistungen – fügt Keynes hinzu – liegt in jährlichen, direkten Zahlungen Deutschlands und einer raschen Festlegung der Zahlungsfristen und -beträge.

Berlin, Mai 1923
[*La Veu de Catalunya*, **9. Juni 1923**]

Der Fall Fechenbach und das Problem Bayern

Dieser Tage wird im Reichstag über den Fall Fechenbach[31] debattiert, den jemand, nicht ganz zu Unrecht, als die »Affäre Dreyfus der deutschen Republik« bezeichnet hat. Es wurde auch langsam Zeit. Immerhin hat Fechenbach nun schon fast ein Jahr der elfjährigen Zuchthausstrafe abgesessen, zu der ihn eines der sogenannten »Volksgerichte« in Bayern wegen Landesverrats verurteilt hat, und bislang hatte sein Fall im Parlament keinerlei Widerhall gefunden. Nur ein paar Journalisten unter der Führung von Helmut von Gerlach hatten versucht, die öffentliche Meinung gegen die ungerechte und unmenschlich harte Verurteilung ihres Berufsgenossen zu mobilisieren. Aber die öffentliche Meinung in Deutschland ist schwach und zögerlich in ihren Reaktionen. Fechenbach hat zahlreiche engagierte Freunde und Fürsprecher gefunden, ohne dass sein Fall öffentliches Aufsehen erregt hätte. Erst nach acht Monaten einer erfolglosen Kampagne hat sich nun der sozialistische Abgeordnete Dittmann dazu entschlossen, den Fall Fechenbach vor das deutsche Parlament zu bringen.

Der heute neunundzwanzigjährige Fechenbach war seit seiner frühesten Jugend Sozialist und gehörte 1914 bis 1918 einer Gruppe junger Kriegsgegner um Kurt Eisner an. Nach Ausbruch der Revolution und der Ernennung Eisners zum Ministerpräsidenten durch den Arbeiter-, Bauern- und Soldatenrat wurde Fechenbach zu einem der Sekretäre Eisners und landete, gemeinsam mit seinem Herrn und Meister, im Archiv des Bayerischen Außenministeriums. Während Kautsky die Archive in Berlin durchwühlte, taten Eisner und Fechenbach in München in kleinerem Maßstab das gleiche. Es war die Hochzeit der Revolution und die Zeit der Sühne der Revolutionäre für die Sünden des Kaiserreichs. Die deutschen Revolutionäre veröffentlichten alle nur erdenklichen mehr oder weniger geheimen Unterlagen, um ihrer Überzeugung Nachdruck zu verleihen, dass vor allem die führenden Kräfte des Kaiserreichs Schuld am Krieg trugen. Das Motto Kurt Eisners lautete: »Die Wahrheit über alles. Die Sache der Wahrheit steht über der Sache des Vaterlands.«

Der Leser kann sich sicher vorstellen, dass in dieser Zeit die unterschiedlichsten Papiere durch die Hände Fechenbachs gingen, darunter auch ein Telegramm des bayerischen Gesandten im Vatikan an die bayerische Staatskanzlei, in dem dieser Gesandte zu verstehen gab, dass sich Deutschland im Falle eines Krieges nicht um mögliche diplomatische Reaktionen des Vatikans sorgen müsse, da man im Vatikan offensichtlich gemäßigt prodeutsch eingestellt sei, vor allem aber Österreich unterstütze und gegen Serbien sei. Der Text dieses eher unbedeutenden Telegramms wurde von Kurt Eisner mehrfach in öffentlichen Versammlungen verlesen, als Beweis für die unter den Vertretern Deutschlands im Ausland vorherrschende Geisteshaltung in einer Zeit, in der Europa kurz vor der Katastrophe stand. Fechenbach, der dieses Telegramm für ein öffentliches Dokument hielt – was nicht weiter verwunderlich ist, da die Revolutionsregierung der Ansicht war, je geheimer diplomatische Unterlagen zuvor gewesen seien, desto öffentlicher müssten sie nun gemacht werden –, händigte einem Schweizer Journalisten namens Payot, dem Korrespondenten der Pariser Tageszeitung *Le Journal*, eine Kopie des Telegramms aus.

Kurt Eisner wurde kurz darauf ermordet, und Bayern ging aus den Händen der Kommunisten in die Hände der Bayerischen Volkspartei über, einer katholischen, konservativen Partei, die noch heute regiert. All das ist bekannt. Fechenbach verließ das Archiv der Staatskanzlei und arbeitete wieder als Journalist, in seinem eigentlichen Beruf. So vergingen vier Jahre, und als sich schon niemand mehr zu erinnern schien, dass Kurt Eisner einmal gelebt hatte, und noch weniger, dass er ein Telegramm des bayerischen Gesandten im Vatikan veröffentlicht hatte, taucht urplötzlich ein Jurist mit einem verteufelt guten Gedächtnis auf, sucht Fechenbach, zitiert ihn vor Gericht und verklagt ihn, weil er Payot eine Kopie des besagten Telegramms hat zukommen lassen. Es kommt zum Prozess, und ein bayerisches Volksgericht – gegen dessen Urteil weder eine Berufung noch eine Anfechtung möglich ist – erklärt Fechenbach des Landesverrats für schuldig und verurteilt ihn mir nichts, dir nichts zu elf Jahren Zuchthaus.

Die bloße Schilderung dieses Falles genügt, um zu sehen, dass es sich um einen politischen Prozess handelt, der jeder Gerechtigkeit Hohn spricht. Für ein Delikt, das eine Lappalie wäre, wenn nicht gar schlichtweg erfunden, wird ein Journalist elf Jahre ins Zuchthaus gesperrt. General Ludendorff hingegen, der sich des schlimmsten Verbrechens schuldig gemacht hat, das ein Militär begehen kann – nämlich, sich besiegen zu lassen –, spaziert weiterhin seelenruhig durch München, und jeder, der sich gegen die deutsche Republik verschworen hat, lebt in Bayern wie ein Fisch im Wasser. Aber über das Problem Bayern werde ich ein anderes Mal ausführlicher berichten.

Berlin, Juli 1923
[*La Veu de Catalunya*, **25. Juli 1923**]

Die Jungfernfahrt der »Albert Ballin«

Niemand, der einer Stadt am Meer entstammt, wird vermeiden können, dass sich in seine Bewunderung Neid mischt, wenn er das Leben in Hamburg kennenlernt. Hamburg bietet das gleiche Bild vollkommener Einheit zwischen Stadt und Meer wie Liverpool und die kleinen Häfen in Norwegen. Dieser Eindruck wird noch verstärkt durch die technische Perfektion, mit der im Hafen – der jedem anderen Hafen der Welt überlegen ist – Arbeiten und Dienstleistungen vonstatten gehen. Die modernen Handelsleute der alten Hansestadt, Händler und Bankiers, Importeure und Exporteure, Reeder und Schiffsbauer, kurz, alle Einwohner Hamburgs, haben erkannt, dass das Meer und die Länder jenseits der Meere ihnen Reichtum und damit Unabhängigkeit, Wohlstand und Macht und damit die Freiheit bringen können. Der Hamburger Hafen ist das Haupttor, das ganz Deutschland Wege in alle Welt eröffnet. Den Schlüssel zu diesem Tor jedoch verwahren stolz und unabhängig die Bürger Hamburgs. Gewiss, Hamburg ist der große Hafen Deutschlands, vor allem aber ist es ein großer Freihafen. Mit seiner Arbeit dient Hamburg den Interessen des deutschen Vaterlands. Aber die Stadt unterhält Verbindungen zu allen Ländern und allen Kontinenten dieser Welt und erweitert diese von Tag zu Tag, und diese unabhängigen Verbindungen sind seine Tradition und zugleich der Garant seiner Zukunft.

Mit Ausbruch des Krieges war der Hamburger Hafen gelähmt. Fünf Jahre lang fuhr kein einziges Schiff im Hafen ein oder aus. Nach dem Krieg zwang der Versailler Vertrag die Hamburger Reeder, neun Zehntel ihrer Flotten an die Alliierten abzutreten. Deutschland war ohne Handelsmarine und sah sich gezwungen, neue Schiffe zu bauen. Das aber hatten die Hamburger schon seit Jahren vorhergesehen. Während des gesamten Krieges, in all den Jahren der Untätigkeit, hatten die großen deutschen Schiffahrtsgesellschaften ihre technische und administrative Ausrüstung beibehalten. Alles war bereit, wieder von vorn anzufangen, sobald das

Kapitel Krieg abgeschlossen war. Anfangs fehlten noch die Schiffe, aber die zahllosen Werften in Deutschland arbeiteten Tag und Nacht. Und während fieberhaft an der neuen Flotte Deutschlands gebaut wurde, hatte ein genialer Hamburger, der Bankier Max Warburg, die Idee für eine mögliche Zusammenarbeit auf See zwischen Deutschland und den Vereinigten Staaten, zwischen dem deutschen Apparat und der modernen nordamerikanischen Flotte, zwischen einem Land, das über Erfahrung mit der See und eine weltweite Organisation verfügte, aber seine Flotte verloren hatte, und einem Land, das plötzlich eine gewaltige Flotte besaß, aber nicht so recht wusste, was es damit anfangen sollte, weil ihm die Erfahrung und die Organisation fehlten, die sich nur mit der Zeit erwerben lassen. Diese Zusammenarbeit hat sich inzwischen als äußerst fruchtbar erwiesen. Zwischen den großen, althergebrachten deutschen Reedereien und den neuen amerikanischen Schifffahrtsgesellschaften besteht enger Kontakt und eine aktive Arbeitsgemeinschaft. Jeder gibt, was er hat: die Amerikaner Schiffe; und die Deutschen Männer, Erfahrung, ihr Netzwerk von Agenturen und Korrespondenten – und ebenfalls Schiffe, von Tag zu Tag mehr. Man könnte fast sagen, dass kein Tag vergeht, ohne dass ein neues Schiff unter deutscher Flagge die Weltmeere kreuzt. Bisher waren es fast ausschließlich Frachtschiffe mit geringer Tonnage. Aber heute nun sticht vom Hamburger Hafen aus ein großer, funkelnagelneuer Transatlantikliner der Hamburg-Amerika-Linie zu seiner Jungfernfahrt nach New York in See. Er hat 22.000 Bruttoregistertonnen und trägt den Namen des Gründers der Gesellschaft, Albert Ballin, eines Mannes, der das moderne Deutschland geschmiedet hat.

Es wäre interessant zu untersuchen, wie sehr nach der Einigung Deutschlands das Schicksal des neuen Reichs vom Geist von Städten wie Hamburg geprägt wurde. Bismarck war eine eindrucksvolle Elementarkraft und ein Staatsmann ersten Ranges, ein vollkommener Meister der Diplomatie seiner Zeit. Aber er war auch Bauer bis ins Mark, ein Mann der

Scholle, und als solcher fehlte ihm der Seefahrergeist, das Verständnis für alles, was das Meer betrifft. Den Aussichten gegenüber, die die See eröffnet, war er blind. Die neuen Strömungen, die sich in dem Reich, das er geschaffen hatte, bemerkbar machten, die Strömungen des maritimen Deutschlands – der Kolonialismus, die Expansion nach Amerika und in den Fernen Osten, der Eifer, eine Handels- und Kriegsflotte zu gründen –, verwirrten den alten Kanzler in seinen letzten Lebensjahren zusehends. Der preußische Bauer verstand nicht, dass es auch außerhalb der Grenzen Europas etwas geben könne, was die Aufmerksamkeit lohnte. Eines Tages jedoch erklärte Bismarck sich bereit, den neuen Hamburger Hafen zu besichtigen, die gewaltige Schöpfung des deutschen Seefahrergeistes, den er nicht verstand. Angesichts des großartigen Schauspiels, das er zum ersten Mal in seinem Leben sah, schwieg Bismarck eine ganz Weile und sagte dann zu seinem Begleiter: »Eine neue Welt. Eine andere Welt…«

Der Mann, der Bismarck bei seinem Besuch des Hamburger Hafens begleitete, war Albert Ballin, Direktor der HAPAG, der Hamburg-Amerika-Linie und Schöpfer der neuen Welt, von der Bismarck sprach. Eine Welt, sie sich leichter von der Niederlage erholt als die alte Welt Bismarcks.

Berlin, Juli 1923
[*La Veu de Catalunya*, **26. Juli 1923**]

Der bayerische Diktator

Ein Land ohne Diktator kann heutzutage nicht von sich behaupten, ein richtiges Land zu sein. Und darum benötigte Bayern, das ein richtiges Land ist, ein Land mit großer künstlerischer und musikalischer Tradition, zauberhaften Gebirgsseen, hinreißenden Mädchen und erstklassigem Bier, unbedingt einen Diktator.

Jetzt hat es ihn. Er heißt Gustav Ritter von Kahr[32] und wurde gestern per – fast hätten wir gesagt königlichem – Dekret ernannt. Das ist ein neues und vorteilhaftes Verfahren, und es ist nicht verwunderlich, dass es zuerst in Bayern erprobt wurde, einem Land, das Frieden, Gemütlichkeit und gutes Essen liebt. Die Bayern – wir sagten es bereits – brauchten um jeden Preis einen Diktator, das sah jedermann ein, und jedermann akzeptierte es. »Hier wird keine Ruhe einkehren, bis ein Diktator kommt«, sagten die einen. »Je länger er auf sich warten lässt, desto nötiger brauchen wir ihn«, sagten die anderen. »Wenn nicht bald ein Diktator kommt, sind wir verloren«, fügten die Pessimisten hinzu. Und wenn ein Freund aus Bayern zu Besuch kam, verkündete er uns mit der Gewissheit des Propheten: »Es wird Hitler oder General Ludendorff, das ist ganz gleich. Aber dass in Bayern die Diktatur kommt, darauf können Sie Gift nehmen.«

Glücklicherweise ist Bayern ein Land der Bauern und hat – nach der bewährten Formel von Lord Salisbury – die Regierung, die es verdient: eine Regierung von Bauern. Ein Bauer ist ein Mensch, der letztendlich lieber andere betrügt, als selbst betrogen zu werden. Als klar wurde, dass die Diktatur in Bayern unausweichlich ist, haben die Bauern, würdig vertreten von ihrer Regierung, beschlossen, auf Nummer sicher zu gehen. Adolf Hitler ist verrückt und General Ludendorff ein Preuße. Ein Verrückter wird sich nie mit einem Bauern einigen können, und ein Preuße ebensowenig. Letzteres ist seltsam, weil sich Preußen und Bayern bis aufs Haar gleichen. Aber es ist nun einmal beschlossene Sache, dass sich die beiden, obwohl sie sich gleich sind, nicht ausstehen können, und wer die Gründe dafür zu verstehen versucht, wird sich daran die Zähne ausbeißen. Angesichts der drohenden Gefahr einer Diktatur Hitlers oder Ludendorffs hat die bayerische Regierung darum beschlossen, das Amt des Diktators einem Familienmitglied anzutragen. Und so ist Gustav von Kahr unter dem Titel Generalstaatskommissar nun Diktator von Bayern, und General Ludendorff und Adolf Hitler stehen mit langen Gesichtern daneben.

Doktor Gustav von Kahr, Diktator von Bayern im Auftrag der Regierung, ist ein fränkischer Protestant, was die regierende Bayerische Volkspartei offenbar nicht davon abhält, ihn zum Mann ihres Vertrauens zu erklären. Die Bayerische Volkspartei ist eine katholische, klerikale Partei, aber ein Diktator zeichnet sich – wie jeder weiß – ja eben durch die Fähigkeit aus, falsche Anhänger um sich zu scharen und unerklärliche Mitstreiter zu finden. Die katholische Bayerische Volkspartei identifiziert sich vollkommen mit Doktor von Kahr, und dieser fühlt sich dem Kronprinzen Rupprecht[33] in enger Freundschaft und völliger Übereinstimmung verbunden. Sie sind – um es einmal so zu formulieren – ein Herz und eine Seele. »Was ich tue«, sagt von Kahr, »tue ich mit Zustimmung des Königs. Ich bin nichts weiter als sein Stellvertreter.«

Was von Kahr tut, ist ganz einfach. Er tut, was er will. Er erklärt das Gesetz zum Schutze der Republik in Bayern für ungültig und verbietet die »Einwohnerwehr« – wenn man es so nennen will – der SPD, die sich zum Schutz vor den Angriffen der monarchistischen und nationalistischen Einwohnerwehr zusammengefunden hat. Gleichzeitig aber gestattet er den Fortbestand der monarchistischen und nationalistischen Einwohnerwehr, die nichts anderes zu tun hat, als Republikanern, Sozialisten und Juden den Hals umzudrehen – vor allem den Juden. In Bayern ist das ganze Jahr über Gründonnerstag[34]. Zwar haben die Kinder keine Ratschen, doch die Erwachsenen tragen Ochsenziemer, und die Juden dürfen den Buckel hinhalten, wenn man sie dazu auffordert. Jetzt mehr denn je. Bei seinem Amtsantritt als Diktator verkündete von Kahr bereits:

»Ich erfülle meine patriotische Pflicht und werde mich dazu auf alle patriotischen Elemente germanischer Abstammung stützen.« Wer nicht das Glück hat, blond und drall zu sein, wer keine blauen Augen und keine Stupsnase hat, der kann seinen Nacken schon mal hinhalten und damit rechnen, dass ihm eine Handvoll reinrassiger Deutscher mit der Erlaubnis des Diktators eines Tages ein neues Gesicht verpasst. In Bayern wird ernst gemacht, und von Kahr ist ein Mann, der keine Sperenzchen duldet. Sollte der »König« sich entschließen, nicht nur nominell, sondern de facto sein Amt auszuüben, wird er den Weg geebnet finden.

All dies geschieht in Bayern, während Deutschland noch eine Republik ist und Stresemann mit unerschöpflich gutem Willen und unerschöpflich gutem Glauben versucht, das Schiff der Einheit vor dem Untergang zu bewahren. Und doch setzt die Republik sich weder gegen die monarchistischen Tendenzen in Bayern zur Wehr noch wagt es Stresemann, die örtlichen Diktaturen zu unterdrücken. Aber das – würde Mussolini sagen, ein Kollege von Kahrs, wenn auch nicht ganz so bäuerlich wie dieser – ist ein anderes Paar Ärmel.

Berlin, September 1923
[*La Veu de Catalunya*, **7. Oktober 1923**]

Bayern: eine Bildergalerie

Bayern ist das fröhlichste und glücklichste Land Deutschlands. Es hat durch den Mund seines Ministerpräsidenten den Vertrag von Versailles aufgekündigt, und es hat einen nagelneuen Diktator, den unseren Lesern zu präsentieren wir bereits das Vergnügen hatten. Rund um den Diktator bilden sich einige Persönlichkeiten heraus, die kennenzulernen sich lohnt. Einige von ihnen sind bereits berühmt, andere werden zweifellos noch Ruhm erlangen, wenn es so etwas wie Gerechtigkeit gibt. Allen ist gemeinsam, dass sie außerordentlich wichtig sind, sowohl aufgrund dessen, was sie sind, wie aufgrund dessen, wofür sie stehen.

DER »KÖNIG«

Eine gute alte bayerische Tradition verlangt, dass der bayerische König verrückt oder zumindest ein wenig spinnert zu sein hat und dass in seinem Namen ein vernünftiger Regent und ein paar mehr oder minder bäuerliche Minister regieren. Kronprinz Rupprecht, Thronanwärter und tatsächlicher »König« von Bayern, bricht mit dieser Tradition. Er scheint vollkommen bei Verstand zu sein. Es gibt viele Leute, die einem versichern, dass er unter denen, die in Bayern das Sagen haben, der einzige halbwegs Vernünftige sei. »Wäre dem nicht so«, sagen sie, »er wäre längst König von Bayern, und kein Hahn würde mehr nach der deutschen Republik krähen.« Aber wenn Prinz Rupprecht, wie behauptet wird, tatsächlich kein Luftikus ist, kann man verstehen, dass er keine Eile hat, sich festzulegen. Was fehlt ihm denn? Er lebt in Bayern, in der Nähe von München; es regieren die Seinen; überall nennt man ihn »Majestät«; sonntags zeigt er sich in Begleitung all seiner Minister und Generäle in der Öffentlichkeit, inspiziert die Truppen und kehrt dann selenruhig zum Mittagessen nach Hause zurück. Die aus Berlin lassen ihn in Ruhe. In Paris, London oder Rom hingegen … wer weiß das schon, mein Gott!

PRÄSIDENT VON KNILLING

Der »König« von Bayern mag König sein, soviel er will, das Ölgemälde gebührt dem, der den Titel »oberster Bauer des Königreichs« trägt. Der oberste Bauer ist – wenn man, wie ich, unter dem obersten Bauern denjenigen versteht, der sich am besten aufs Bauer-Sein versteht – Ministerpräsident von Knilling[35]. Sein Vorgänger im Amt des bayerischen Ministerpräsidenten war der derzeitige Diktator von Kahr. Aber von Kahr musste zurücktreten, weil er sich mit Berlin nicht einigen konnte, und von Knilling hat ihn ersetzt und sich in dem einen Jahr seiner Regierung den Ruf eines versöhnlichen Brummbären erworben. Bei der Versammlung der Oberhäupter der deutschen Länder, die Stresemann einberufen hatte, um über den Abbruch des passiven Widerstands zu entscheiden, zeigte sich von Knilling – allen Erwartungen zum Trotz – versöhnlicher denn je und sagte zu allem ja und amen. Nach der Versammlung trank er mit dem Reichspräsidenten Tee und versicherte ihm, er könne ruhig schlafen. Noch am selben Abend stieg er in den Zug und kehrte hast du, was kannst du nach München zurück. Vierundzwanzig Stunden nach seiner Ankunft verhängte er in Bayern den Ausnahmezustand, erklärte den Vertrag von Versailles für ungültig und ernannte von Kahr zum Diktator. Die Regierung der Republik erfuhr von alledem nur, weil der Berliner Korrespondent der *Frankfurter Zeitung* ein netter Mensch ist und beim Kanzler anrief. Andernfalls hätte sie es, wie wir alle, aus der Zeitung erfahren.

Es heißt, dass die Münchner Bürger beim Bier vor Lachen fast ersticken, wenn sie über diesen Streich ihres Präsidenten reden.

ADOLF HITLER

Kürzlich ist er auf die Idee gekommen, sich malen zu lassen und dieses Bild dann überall in Deutschland zu verteilen. Ich habe von ihm nur dieses Bild gesehen, und doch ist mir, als würde ich ihn schon ein Leben lang kennen. Er trägt einen Trenchcoat mit Gürtel (ich glaube, damit ist schon alles gesagt), einen Seitenscheitel und einen Schnurrbart, der so gestutzt ist, dass er höher ist als breit. Er hat den Kopf hochgereckt, den Mund offenstehen, und sein Blick geht ins Leere, alles in allem eine zufriedene Pose, wie sie für diktatorische Gemüter typisch und der Betrachtung wert ist. Dieser Hitler ist, protegiert von Ludendorff, Führer einer Bewegung, die sich »nationalsozialistisch« nennt und den Arbeitern das Blaue vom Himmel herunter verspricht, um sie zu besänftigen, während sie gleichzeitig eine illegale bewaffnete Truppe zum Sturz der Republik zusammenstellt. Hitler ist – wie sich aus der Beschreibung des Bildes vielleicht schon erahnen lässt – ein Mann, der sich viele Illusionen macht. Aber während er redet und mit dem Geld, das er (wer weiß wo) auftreibt, Waffen kauft und ein Kampfblatt herausgibt, den *Völkischen Beobachter*, eine der besten Zeitungen Deutschlands, fallen ihm die Bauern der Regierung in den Rücken. Der bayerischen Bürokratie – eine gewaltige Kraft – gilt er als Analphabet (und wenn er keiner ist, so fehlt ihm nicht viel dazu). Die Militärs lassen ihm freie Hand, damit er ihnen die Kastanien aus dem Feuer holt. Von Kahr hat ihm den Posten des Diktators weggeschnappt, als er es am wenigsten erwartete. Wenn von Kahr keine Lust mehr hat, ist die Diktatur vielleicht aus der Mode gekommen, und Hitler wird sich aus der Politik zurückziehen müssen. Zum Glück hat der Mann ja einen Beruf. Bevor er eine bedeutende Persönlichkeit wurde, war er Anstreicher.

DER FÜRST VON WREDE

Vor zehn Jahren packte einen Offizier des deutschen Heeres der Wahn – jedem Tierchen sein Pläsierchen –, in Galauniform mit Kreuzen und Epauletten, mit Zylinder und aufgespanntem Regenschirm durch die Straßen Münchens zu flanieren, während die Sonne vom Himmel brannte. Wie nicht anders zu erwarten, hatte er das, was die Spanier *un éxito loco* nennen – einen Wahnsinnserfolg. Aber nachdem er ein paar Mal auf und ab spaziert war, blieb ihm nichts anderes übrig, als bei der Armee seinen Abschied einzureichen.

Dieses Original war der Fürst von Wrede, derzeit Führer der Kavallerie der »nationalsozialistischen Bewegung«.

Wir Katalanen wissen schon lange, dass diese Welt, wie eine katalanische Redensart so schön sagt, *un mon de mones* ist – eine Welt voller Affen.

Berlin, Oktober 1923
[*La Veu de Catalunya*, **9. Oktober 1923**]

Die Krise der Einheit

Das, was weder die militärische Niederlage noch die Novemberrevolution von 1918 vollbracht haben, weder der Versailler Vertrag noch der Bürgerkrieg zwischen gutgläubigen Revolutionären und der monarchistisch-nationalistischen Reaktion unter Noske und auch nicht die vorübergehende Räterepublik in Bayern, der Kapp-Putsch[36] oder die kommunistischen Aufstände in Westfalen, haben ein paar Monate passiver Widerstand im Ruhrgebiet zustande gebracht. Die Enttäuschung einer zweiten Niederlage und die Zuspitzung der Wirtschaftskrise dienen den Zentrifugalkräften als Zündstoff, und man muss feststellen, dass die deutsche Einheit in Gefahr ist. Bayern handelt völlig selbständig. Die Befehle von Reichswehrminister Geßler[37], dem Generaldiktator von ganz Deutschland, machen an der bayerischen Grenze halt. In Bayern wollen die, die eine Diktatur wollen, keine andere als die von Kahrs, und wenn Geßler zum Beispiel die Herausgabe des Hitlerblattes *Völkischer Beobachter* verbietet, sagt von Kahr, dieses Verbot sei antipatriotisch und in Bayern werde der *Völkische Beobachter* erscheinen, so lange es ihm passt.

Ihr Gegengewicht findet die bayerische Reaktion in Thüringen und vor allem in Sachsen. In Thüringen regiert ein Kabinett aus verschiedenen demokratischen Parteien mit sozialistischer Mehrheit, und in Sachsen – dem, wie jedermann weiß, wichtigsten deutschen Land nach Preußen und Bayern – ein rein sozialistisches Kabinett, das von Tag zu Tag aktiver von den Kommunisten unterstützt wird. Es ist wohl nur noch eine Frage der Zeit, bis die kommunistische Partei sich offiziell an der Regierung beteiligt. Die Verhandlungen für diese Koalition der äußersten Linken dauern seit einer Woche an. Das Ergebnis steht noch nicht fest, weil die Kommunisten, wenn sie schon einmal etwas fordern können, offenbar ungeniert die Hand aufhalten. Aber wie auch immer die Verhandlungen enden werden, man kann davon ausgehen, dass eine monarchistische Erhebung in Bayern eine revolutionäre Explosion in Sachsen zur Folge hätte. Doktor

Zeigner[38], der sächsische Regierungschef, ist ein Intellektueller und bei den Sozialisten praktisch ein Neuling. Vor drei Jahren war er noch Staatsanwalt und nicht für ausgeprägte politische Überzeugungen bekannt. All das leistet dem Radikalismus Vorschub. Sollte es zu allgemeinen Erschütterungen kommen, wird Doktor Zeigner zweifellos mehr revolutionären Elan an den Tag legen als die großen und kleinen Köpfe der deutschen Sozialdemokratie, von denen die meisten, allen voran Ebert, zeit ihres Lebens Sozialisten waren, ehemalige Arbeiter, die irgendwann einmal Gewerkschaftsfunktionäre geworden sind. Heute sind diese Männer und die – immer lichter werdenden – Reihen der Arbeiterklasse die einzige konservative Kraft in Deutschland. Sie selbst würden sich natürlich nicht so bezeichnen, aber sie sind es. Die Monarchisten hingegen, die sich aus alter Gewohnheit weiterhin konservativ nennen, sind es in keiner Weise. Sie sind, ganz im Gegenteil, die verwegenste revolutionäre Kraft in ganz Europa. Sie wollen alles verbrennen und werden, wenn man sie nur lässt, zumindest Feuer an Deutschland legen, das ihnen am nächsten ist.

Zur Zeit gibt es in Deutschland potentiell eine reaktionäre Monarchie – Bayern – und eine Räterepublik: Sachsen. Die geistige Schweißnaht zwischen der Regierung in Berlin und den Regierungen in München und Dresden hat sich völlig aufgelöst. In Bayern ist offenkundiger, inwieweit sich das Land schon vom Reich gelöst hat, weil die monarchistische Regierung auf die Armee der Republik zählen kann. In Sachsen hat die Regierung die Armee gegen sich. Seit der Verhängung des Ausnahmezustands können die sächsischen Arbeiter und Republikaner, die die Regierung unterstützen, weder Versammlungen noch Demonstrationen abhalten. In den Straßen von Dresden oder Leipzig darf keine rote Fahne flattern, ja kaum die dreifarbige Fahne – schwarz-rot-gold – der Republik. Aber in München defilieren die monarchistischen Kampfgruppen feierlich am König vorbei, umgeben – glauben Sie nicht, das sei ein Scherz – von den Mitgliedern der Regierung, vom Diktator von Kahr und General von Lossow[39], dem Chef der republikanischen Streitkräfte in Bayern.

In Berlin setzt die Krise der Einheit die Regierung von verschiedenen Seiten unter allergrößten Druck und gefährdet den Fortbestand der »großen Koalition«. Rund um Stresemann hatte sich in der Stunde der Krise eine Union aller Republikaner gebildet, sowohl der Republikaner aus Überzeugung als auch der Republikaner aus Resignation. Nun scheinen letztere der Zusammenarbeit mit den anderen überdrüssig zu sein. Stresemanns eigene Partei fordert, aus der »großen Koalition« eine »sehr große Koalition« zu machen und Vertreter der konservativ und monarchistisch eingestellten Deutschnationalen Volkspartei in die Regierung aufzunehmen. Das ist eine höfliche Art, den Sozialisten zu verstehen zu geben, dass sie nun, da das Problem des passiven Widerstands gelöst ist, überflüssig sind, denn es liegt auf der Hand, dass die Sozialisten sich nicht damit einverstanden erklären werden, in der Regierung mit denjenigen zusammenzuarbeiten, die das Kaiserreich wiederherstellen wollen, den Versailler Vertrag nicht anerkennen und für nächstes Jahr einen Revanchekrieg gegen Frankreich fordern.

Der bayerische Monarchismus, der sächsische Kommunismus und die Parteikämpfe in Berlin kosten die republikanische Zentralregierung Autorität, und das zu einem Zeitpunkt, zu dem sie diese Autorität am bittersten benötigte, um an Rhein und Ruhr das Ansehen der deutschen Idee aufrechtzuerhalten. Das ist im Augenblick das größte Problem. Stresemann hat es deutlich erkannt, aber weder seine Freunde noch das deutsche Volk scheinen es so klar zu sehen wie er.

Berlin, Oktober 1923
[*La Veu de Catalunya*, **12. Oktober 1923**]

Die Krise geht weiter

Obwohl das zweite Kabinett Stresemann gebildet ist, obwohl es im Reichstag vorgestellt und ihm das Vertrauen ausgesprochen wurde und es ganz danach aussieht, als könnte es trotz seiner schwachen Position im Parlament die nötige Zweidrittelmehrheit für das Ermächtigungsgesetz erhalten, mit dem ihm im Finanzbereich diktatorische Vollmachten eingeräumt werden – die Krise geht weiter, denn sie ist keine Krise der Regierungsmitglieder. Das zumindest haben die letzten Ereignisse entgegen der landläufigen Meinung gezeigt. Niemandem war in den Sinn gekommen, dass Stresemann nicht notwendig der letzte Kanzler der deutschen Republik sein müsse. Vor drei Wochen dachte das jeder, oder gab zumindest vor, es zu denken. Niemandem war in den Sinn gekommen, dass es Stresemann so schnell einfallen könne zurückzutreten. »Nach Stresemann geht alles unter.« Ein schöner Satz für eine Rede oder einen Artikel, vorausgesetzt, dass Stresemann sich hielt und der allgemeine Untergang nicht über eine rein rhetorische Möglichkeit hinausging. Aber als Stresemann keine zwei Monate nach seinem Amtsantritt zurücktreten musste, war für jedermann ersichtlich, dass der allgemeine Untergang Gott sei Dank noch ein paar Monate auf sich warten lassen konnte. Und so ist Stresemann Stresemanns doppelter Nachfolger geworden (als Chef eines nie zustande gekommenen Ministeriums berühmter Persönlichkeiten und als Vorsitzender des zweiten Kabinetts der »großen Koalition«), und das nicht etwa, weil es an möglichen Nachfolgern gemangelt hätte, sondern weil der Präsident der Republik noch nicht auf ihn verzichten wollte. Wäre Ebert – der sich aktiv und entschieden in die deutsche Politik einmischt – der Überzeugung gewesen, dass es an der Zeit wäre, Stresemann abzusetzen, wäre nichts in Wanken geraten. Wir hätten wieder einen katholischen Kanzler, und alle wären zufrieden. Die deutsche Zentrumspartei verfügt für den Notfall über eine ganze Kollektion fähiger Männer, die bereit und willens sind, sich nach den Geboten des Evangeliums zu opfern. Es gibt sie in allen Farben und allen politischen und gesellschaftlichen Abstufungen, von Kohlschwarz bis Zinnoberrot. Dieses Mal war aufgrund der Ereignisse, die der Krise vorausgingen, eher ein Mann der Rechten gefordert. Er stand schon bereit. Stresemanns katholischer Nachfolger – merken Sie sich den Namen, denn was nicht ist, kann ja noch werden – sollte der ehemalige preußische Ministerpräsident Stegerwald[40] werden. Ein tatkräftiger Mann, wie es heißt, und das ist immer gut. Ein konservativer Mann mit guten Verbindungen zum Industriezweig der Zentrumspartei, die wiederum ausgezeichnete Verbindungen zum Rest der deutschen Großindustrie unterhält.

Womit wir beim Wesentlichen wären. Wenn die Gründe für die neueste Krise weder persönlicher noch parlamentarischer Natur sind, muss man sie andernorts suchen. Georg Bernhard, der Chefredakteur der *Vossischen Zeitung*, hat mit der ihm eigenen Offenheit und Klarsicht gesagt, das, was nun in Deutschland erörtert werde, sei die Frage, wie man die Rechnung der Ruhrkampagne begleichen könne. Es ist eine gewaltige Rechnung; sie entspricht – so sagen die, die nachgerechnet haben – drei bis vier Jahren an Reparationsleistungen. Müssen sie die Großindustriellen und die Landbesitzer bezahlen, indem sie einen Teil dessen geben, was sie verdient haben oder besitzen – so fragt Georg Bernhard –, oder müssen sie die Arbeiter bezahlen, indem sie für den gleichen Lohn mehr arbeiten als bisher?

Eines steht fest. Wer auch immer die Rechnung zahlt, wird sie nicht mit Papiermark begleichen können. Es ist unappetitlich, immer wieder über das gleiche sprechen zu müssen, und ich bitte meine Leser um Entschuldigung dafür, aber da in Deutschland nun einmal alles vom Währungsproblem abhängt und die Lösung des Problems nicht in meinen Händen liegt, wird mir, solange sich nichts ändert, kaum etwas anderes übrigbleiben, als mit Billionen und Trillionen zu hantieren, wobei ich dem Leser rate, es mir gleichzutun und sich nicht allzusehr den Kopf darüber zu zerbrechen. Trotz der vielen Billionen und Trillionen Papiermark, die die Regierung besitzt, hat sie in Wirklichkeit keinen Pfennig. In den letzten drei, vier Tagen hat die Mark täglich die Hälfte ihres Werts verloren. Eine solche Währung taugt nicht einmal für die Tagesabrechnung eines Ladens, und so verkaufen viele Geschäfte nur gegen Goldmark. Die Industrie rechnet schon seit einiger Zeit überhaupt nur noch in Gold (außer wenn es um die Löhne und die Steuern geht). Nun ist die Regierung an der Reihe. Die Regierung Stresemann hat vom ersten Tag an ihre Absicht kundgetan, die Steuern in Goldmark einzutreiben, aber sobald sie Anstalten machte, ihre Absichten in die Tat umzusetzen, standen die Industriellen wie ein Mann gegen sie auf. Also musste sie so tun, als würde sie zurücktreten, und den Finanzminister opfern. Doktor Hilferding[41], ein berühmter Theoretiker des Marxismus und im Grunde ein harmloser Mann, war das Sühneopfer. Vorübergehend besänftigt, haben die großen Götter der Industrie das zweite Kabinett Stresemann verschont, aber ihr Blick bleibt finster, und ihr Zorn kann jederzeit wieder losbrechen. Die Krise wird nicht zu lösen sein, solange man nicht weiß, inwieweit die deutschen Industriellen bekommen, was sie wollen.

Sie verlangen gar nicht viel. Sie haben nicht vor, weiterhin auf den Niedergang der Mark zu setzen, weil sie erkannt haben, dass die Mark demnächst nicht einmal mehr zum Spielen taugen wird. Sie wollen auch nicht die Zahlung der Steuern in Goldmark umgehen, weil sie erkannt haben, dass das unmöglich ist. Sie wollen nur, dass die Arbeiter für den gleichen Lohn jeden Tag ein paar Stunden mehr arbeiten. Damit geben sie sich schon zufrieden. Sie sind bescheidene Leute.

Berlin, Oktober 1923
[*La Veu de Catalunya*, **19. Oktober 1923**]

Weit weg von Berlin

Kann man überhaupt noch sagen, dass Berlin die politische Hauptstadt Deutschlands ist? Im Rheinland folgt der Separatismus natürlich den französischen und belgischen Stimmungsschwankungen. An der Ruhr und in Westfalen einigen sich die Großindustriellen direkt mit General Degoutte und Monsieur Frantzen, dem Leiter der *Mission interalliée de Contrôle des Usines et des Mines*. In der Pfalz ist alles beim alten: Vor vierzehn Tage erklärte ein französischer Kommandant die Vorherrschaft Bayerns über dieses Gebiet für beendet, und seither scheint es, als hätte sich die Pfalz höflich von der Landkarte Europas verabschiedet: Sie wird nicht mehr erwähnt, nicht einmal zufällig. In Sachsen sind die Truppen des deutschen Heeres einmarschiert. General Müller schaltet und waltet nach Gutdünken – und geht dabei, wie zu vermuten steht, nicht gerade zimperlich vor –, und die Regierung in Berlin scheint sich keinen Deut darum zu scheren. In Thüringen hat die sozialistische Regierung erkannt, dass ihre Polizeikräfte zur Verteidigung des Landes nicht ausreichen, und fordert militärische Verstärkung an. Die Grenzen Thüringens – dies sei gleich gesagt, um die Wagnerianer nicht zu erschrecken – sind nicht von außerhalb bedroht. Thüringen ist das Herzstück des authentischen Deutschtums und von deutschen Landen umgeben, die seine Schutzmauern sind oder sein sollten. Es ist nur so, dass Thüringen, das mittelalterliche Thüringen des *Tannhäuser*, das in Katalonien so geschätzt wird, zu Beginn des 20. Jahrhunderts den falschen Weg eingeschlagen hat. Es ist republikanisch und sozialistisch. Und wenn es nur das wäre! Thüringen ist – um es klar und unmissverständlich zu sagen – »marxistisch«. Und genau das kann Bayern – ebenso deutsch und wagnerianisch wie Thüringen – nicht dulden. Vom sogenannten »Marxismus« will Bayern nichts wissen. Wenn ein Nachbarland Bayerns sich dem »Marxismus« ergibt, und sei es noch so deutsch und wagnerianisch wie Thüringen, ist der Konflikt unausweichlich. Bayern erklärt ihm den Krieg. Einen moralischen Krieg, einen Krieg um Prinzipien, und einen tatsächlichen Krieg mit Waffen und Munition. Dieser zweite Krieg hat noch nicht begonnen, aber er kann jederzeit ausbrechen, heute, morgen oder übermorgen. An den Grenzen Thüringens sammeln sich Tausende von Männern der irregulären Truppen Hitlers und des Kapitänleutnants Ehrhardt und warten nur auf den Befehl aus München, um endlich die Grenze zu überschreiten. Und das ist die Gefahr, die Thüringen droht: die Gefahr, von Landsleuten überfallen zu werden, die zwar Deutsche und Wagnerianer, aber auch mit Flinten und Maschinengewehren bewaffnete Antimarxisten sind.

In Berlin hingegen lebt sich's ruhig. Wenn der Dollar steigt, gibt es kein Brot, und die Menschen plündern ein paar Dutzend Bäckereien, aber die Stadt ist so groß, dass das kaum auffällt. Von dem, was außerhalb passiert, berichten die Zeitungen so gut wie nichts, und die Nachrichten aus dem Rheinland, Sachsen, Bayern und Thüringen, die in den Berliner Tageszeitungen zu finden sind, scheinen den Eindruck erwecken zu wollen, dass es sich um Länder einer anderen Welt handelt, mit denen Deutschland – und vor allem Berlin – nicht das geringste zu tun hat. Vor mehr als einer Woche hat der »Sozialdemokratische Parlamentsdienst« (das halbamtliche Organ der sozialistischen Fraktion im Reichstag) gemeldet, dass sich an den Grenzen zu Thüringen irreguläre bayerische Truppen zusammenziehen, und genau berichtet, wo diese Truppen sich sammeln und wie sie sich zusammensetzen, und bisher wurde diese Nachricht weder von offizieller Seite dementiert, noch hat die Regierung sich die Mühe gemacht, eine Entscheidung oder zumindest eine Verhaltensrichtlinie bekanntzugeben. Im Rheinland gibt es angesichts eines künstlichen Separatismus, der in der Bevölkerungsmehrheit nicht wirklich verwurzelt ist, eine französische Politik und eine belgische Politik, eine Politik der Zurückhaltung und Wachsamkeit, die aber im Grunde genau definiert und darauf angelegt ist, aus jeder Situation den größtmöglichen Nutzen zu ziehen. Es gibt auch eine englische Politik, die den separatistischen Bestrebungen offen und entschieden entgegentritt. Was fehlt, ist eine deutsche Politik. Derzeit hat die deutsche Regierung in Berlin keine politische Strategie für das Rheinland aufzuweisen, und wenn sie eine besitzt, hat sie sie so gut versteckt, dass man sie nicht sieht. Sie hat keine politische Strategie für die Pfalz und keine für Bayern, und man kann auch nicht behaupten, dass sie eine für Sachsen hätte, denn wer in Sachsen Politik betreibt, sind die Militärs, und die Regierung ist es zufrieden.

Das bedeutet letztendlich, dass Deutschland sich in Wirklichkeit jenseits der Autorität Berlins bewegt und lebt und dass man, um ein wenig zu erfahren, was los ist, Berlin verlassen und sich im Rheinland oder in Bayern umsehen muss – oder wo auch immer es sonst nötig ist. Eben dies werde ich tun und meinen geschätzten Lesern davon berichten.

Berlin, November 1923
[*La Veu de Catalunya,* **14. November 1923**]

Die Oase von Köln

Es gibt keine Palmen, und keine Kamelkarawanen rasten hier, auch befinden wir uns nicht wirklich mitten in der Wüste. Aber das macht nichts. Der Ausdruck hat sich eingebürgert, das Bild ist zu einer populären Metapher geworden: Köln ist eine Oase. In Vohwinkel hat der Zug von Berlin nach Köln lange gestanden: eine halbe Stunde, eine dreiviertel Stunde, eine Stunde. Vohwinkel ist der Keil, den die Franzosen in die Verbindungslinie zwischen Berlin und der englischen Besatzungszone getrieben haben. Es gibt eine Pass- und eine Zollkontrolle. Die Züge wissen, wann sie hineinfahren, aber sie wissen nie, wann sie wieder hinausfahren werden. Auf den Gängen der Waggons herrscht ein Kommen und Gehen von Soldaten und Zöllnern. Man hat seinen Pass gezeigt, und sie haben einem das Gepäck durchwühlt. Der ganze Zug ist kontrolliert. Warum geht es nicht weiter? Das weiß keiner. Das Hin und Her der Soldaten und Zöllner reißt nicht ab. Ein Deutscher, der in Barmen zugestiegen ist, berichtet: »Ich bin mehrmals pro Woche zwischen Köln und Barmen unterwegs. Manchmal steht der Zug drei bis vier Stunden lang in Vohwinkel. Sie wollen uns spüren lassen, wer das Sagen hat. Jedes Mal, wenn sie mich zwingen, hier meine Zeit zu vergeuden, tun mir unwillkürlich die Rheinländer leid, die unter französischer Besatzung leben. Wir in Köln können uns nicht beklagen. Die englische Besatzungszone ist eine Oase.«

Das *savoir faire* ist eine französische Formel, deren Geheimnis die Franzosen für alles kennen, was nicht weiter wichtig oder völlig bedeutungslos ist. In den wirklich entscheidenden Dingen sind es die Engländer, die die Formel kennen und anzuwenden verstehen. Der französische Soldat, der mitten auf dem Bahnsteig von Vohwinkel steht, in Felduniform, mit Stahlhelm, geschultertem Gewehr und einem langen, blitzenden Bajonett, mit dem man Menschen aufspießen kann, als wären sie Schnecken, und der britische Soldat, der bei der Einfahrt in die englisch besetzte Zone in Bühring zusteigt, um einen Blick in den Zug zu werfen, unbewaffnet, angetan mit Mütze, Handschuhen und Spazierstock – sie beide haben Symbolwert. Sie verkörpern Herrschaft und Besetzung, Feindschaft und Miteinander, Wüste und Oase.

Die Ereignisse der letzten Wochen haben die Unterschiede zwischen der englischen Besatzungsmacht und dem französischen und belgischen System noch deutlicher hervortreten lassen. In der englischen Besatzungszone hat der Separatismus keinerlei Rückhalt gefunden. Der Kopf der Kölner Separatisten, der ehemalige Sozialist Smeets[42], hält sich derzeit in Lothringen auf, und seine Anhänger wagen sich nicht auf die Straße. Hätten sie die separatistischen Aktionen in der französisch und belgisch besetzten Zone unterstützen wollen, wären sie rasch und gründlich gescheitert. Die Engländer machen kein Hehl daraus, dass sie entschlossen sind, keinerlei Ausweitung der semimilitärischen Manöver der »Truppen« von Dorten[43] und Matthes[44] auf ihre Zone zu dulden.

An dieser Entscheidung ist nicht zu rütteln, und General Godley, Chef der britischen Truppen am Rhein – der so freundlich ist, mich überaus zuvorkommend zu empfangen –, nennt mir offen und klar die Gründe dafür: »Haben Sie das riesige Plakat auf dem Bahnhofsplatz gesehen? Es hängt an der Bahnhofswand, ist fünfzig Quadratmeter groß und erklärt den Soldaten unserer Armee, was sie zu tun haben, sobald das Signal gegeben wird, dass es in dieser Stadt zu Unruhen gekommen ist. Wir haben es am Tag unserer Ankunft aufgehängt und werden es an dem Tag wieder abnehmen, an dem wir abziehen. Ich habe für das Rheinland keine andere politische Strategie als dieses Plakat. Sollte sich uns eines Tages in dieser Stadt ein Trupp bewaffneter Männer entgegenstellen und Anstalten machen, das Rathaus oder irgendein anderes öffentliches Gebäude zu besetzen, wird das Signal gegeben, dass die öffentliche Ordnung gestört ist, und die Truppen werden tun, was sie tun müssen. Separatisten? Kommunisten? Monarchisten? Sie werden verstehen, dass mich das nicht interessiert. Ich bin für die Ordnung in dieser Stadt und für die Sicherheit meiner Truppen verantwortlich. Wenn die Deutschen untereinander etwas auszumachen haben, werden sie damit warten müssen, bis wir wieder abgezogen sind.«

Kurz und deutlich. Diese fehlende Rheinpolitik General Godleys hat überdies den Vorteil, sich vollkommen mit der sehr wohl existierenden Rheinpolitik Londons zu vertragen. An den Ufern des Rheins, in der britischen Oase und der französischen Wüste, wird die europäische Politik der nächsten zwanzig Jahre gemacht.

Köln, November 1923
[*La Veu de Catalunya,* **15. November 1923**]

Koblenzer Maskerade

Wollen wir doch mal sehen, was sich hinter den kleinen Rudeln aus Männern und Knaben verbirgt, die, mit Trikolore am Arm, grüner Mütze und in der Hosen- oder Westentasche verstecktem Revolver, in den Straßen von Koblenz herumlaufen und Soldaten spielen. Vielleicht haben wir ja Glück.

Das Hauptquartier der separatistischen Streitkräfte befindet sich in einem Gebäude, das bis vor zwei Wochen noch Sitz der Preußisch-Rheinländischen Provinz-Regierung war. Ein gewaltiger Kasten, und gegenüber ein wunderhübscher Park, den man in ein Zeltlager verwandelt hat. Etwa tausend bewaffnete Männer – vor denen man aber keine Angst zu haben braucht – warten hier zur Essenszeit mit dem Blechteller in der Hand auf ihre Ration. Den Kasten betritt man durch eine winzige Hintertür. Alle anderen Pforten sind geschlossen und verrammelt. Durch diese Hintertür kommen und gehen die Minister, die Soldaten, die Küchenbediensteten und die Zeitungsleute. Die Ursprünge der Rheinischen Republik sind demokratisch. Die Unordnung im Innern des Hauptquartiers ist beträchtlich. Man stellt gleich fest, dass die Leute ziemlich gehetzt von hier nach dort laufen und herumschreien, weil sie etwas wollen, ohne genau zu wissen, was. Alle tragen besagte grüne Mütze, eine Art Entsprechung zu Mussolinis Schwarzhemden. Ein Mediziner eilt vorüber in Begleitung einer Krankenschwester mit Haube und Rotem Kreuz an der Stirn. An der Wand im Treppenhaus hängt eine Bekanntmachung mit Instruktionen den Sold betreffend. Die Rheinische Republik verfügt über Soldaten, die sie versorgt, bezahlt und behandelt, wenn sie krank sind. Und was noch? Gibt es sonst noch was? Tut sie sonst noch was?

Im Generalsekretariat, das im dritten Stock der Kaserne untergebracht ist, wird man uns weiterhelfen. Bis jetzt stehen 12.000 Mann unter Waffen. Die Rekrutierung geht weiter und es werden problemlos immer neue Regimenter gebildet. Zentrum der zusammengezogenen Truppen ist Koblenz. Hier – es ist der Generalsekretär persönlich, der jetzt spricht – werden die Regimenter eingeteilt und die Waffen ausgegeben, von hier ergehen die Einsatzbefehle, je nachdem, wie weit die Organisation der Truppen fortgeschritten ist. Chef der Streitkräfte ist Herr Leithner, früher ein rheinischer Offizier im deutschen Heer. Dieser Militärchef jedoch hat ausschließlich technische Befugnisse. Die Regierungsgewalt wird von Zivilisten ausgeübt. Die Rheinische Republik hat zwei Handlungsbevollmächtigte. Es sind dies Doktor Dorten mit Sitz in Wiesbaden, der sich um die außenpolitischen Belange kümmert, und Herr Matthes, der mit der Leitung der inneren Angelegenheiten im neuen Staat betraut ist. Sowohl Herr Matthes wie auch die sieben anderen Minister der provisorischen Regierung leben im großen Kasten von Koblenz. Es gibt einen Finanzminister (Wolterhoff), ein Anwalt und Wirtschaftsfachmann; einen Minister für Unterricht und Kultus (Kraemers), ein Priester und ehemaliger Philosophieprofessor der Universität Bonn; einen Ernährungsminister (Simon), Großgrundbesitzer; einen Innenminister (Liebling), Beamter; einen Minister für Öffentliche Bauten (Marx), Architekt; und zwei Kommissare für Verkehrswesen, Post- und Telefonverbindungen (Koch-Pfeiffer und Hansen), Ingenieur der eine und Kaufmann der andere. Diese Minister kommen ständig ins Sekretariat und fragen nach Herrn Matthes, der – wie der Leser sich denken kann – viel zu viel zu tun hat und deshalb nicht zu sprechen ist. Der Generalsekretär vertröstet sie auf drei Uhr nachmittags, dann käme der Ministerrat zusammen, wie sie ja wüssten. Her Matthes spricht jetzt mit einem Drucker, danach muss er mit »einem Repräsentanten der Regierung in Berlin« sprechen, und dann muss er die Herren von der Auslandspresse empfangen. Mit einem Wort, Herr Matthes hat schrecklich viel zu tun, und die Arbeit wächst ihm über den Kopf. Die anderen Minister haben anscheinend nicht im entferntesten so viel zu tun wie Herr Matthes. Kurz und gut, eine provisorische Regierung, auch eine Rheinische separatistische, ergibt aus der Nähe betrachtet ein ziemlich groteskes Bild.

Fürs erste beschränken sich die Aufgaben dieser provisorischen Regierung auf die Behauptung der Souveränität. Herr Matthes verhandelt mit der Interalliierten Kommission, mit dem Belgischen Kommissariat und verschickt Aufrufe an das Volk. Die organisatorischen Aufgaben der provisorischen Regierung beschränken sich darauf, dafür zu sorgen, dass das wenige, was noch nicht zerfallen ist, sich nicht auch noch in Luft auflöst. Wenn sie in eine Stadt kommen (und sie besetzen jeden Tag eine neue), wenden sich die Separatisten direkt zum Rathaus, hissen die rotweiß-grüne Fahne und lassen es damit gut sein. Das Leben in der Stadt geht weiter, als wäre nichts geschehen, aber sie versichern, dass alles, was in der Stadt geschieht, unter dem Siegel ihrer Autorität geschehe. Das ist ein Procedere, das – vor dem Hintergrund der französischen Besatzung, die es überhaupt erst ermöglicht – nicht einmal ungeschickt ist. Und es hat überdies den Vorteil, unnötiges Blutvergießen zu verhindern, ein unschätzbarer politischer Wert. Aber es ist notwendig ein ebenso provisorisches Verfahren, wie die Regierung provisorisch ist, womöglich sogar noch provisorischer. Ob es gerechtfertigt war, werden genau jene Ergebnisse zeigen, welche die Regierung an dem Tag vorweisen kann, an dem sie beschließt, dieses Verfahren nicht weiter anzuwenden: an dem Tag nämlich, an dem sie von der behaupteten Souveränität in die tatsächliche Ausübung der Regierungsgewalt überwechselt.

Dieser Augenblick kann nicht mehr fern sein. Denn wenn der Rheinische Separatismus eine Grundlage hat, dann mitnichten das dumme Geschwätz von Maurice Barrès[45] über »das rheinische Gen«. Auch die Tatsache, dass, wie bei Tacitus mitgeteilt, Julius Caesar eines Tages bei schlechtem Wetter über den Rhein geschwommen sei, spielt heutzutage keine Rolle mehr. Seit fünf Jahren lebt man im Rheinland denkbar schlecht, und in den vergangenen zehn Monaten ist das Leben zur Hölle geworden. Und das alles, weil sich das Heer der Besatzer in ein großes Ärgernis verwandelt hat, weil die Politik in Berlin das Rheinland mit den Füßen tritt, weil das Land praktisch ohne jede Verbindung zur Außenwelt ist und weil die Papiermark den Menschen lediglich Mühsal, Elend und Hunger bringt. Einige dieser Ärgernisse sind so schlimm, dass die Separatisten schwerlich daran etwas ändern können. Andere hingegen verlangen geradezu gebieterisch, dass eine Regierung, die sich als solche aufführt, auf der Stelle Abhilfe schafft. Das dringendste Problem im Rheinland ist das Währungsproblem. Wenn man uns im Generalsekretariat der Deutschen Republik keine Märchen erzählt hat – was auch sein kann –, wird die provisorische Regierung in einigen Tagen Rheinische Franken ausgeben. Wenn diese Franken erst einmal in Umlauf und zu etwas nutze sind, erst dann lässt sich von einer separatistischen Organisation im Rheinland sprechen.

Koblenz, im November
[*La Veu de Catalunya,* **16. November 1923**]

Der Putsch als Spektakel

Es gibt wenig Eindrucksvolleres als einen gut organisierten und insze-
nierten Putsch, wie den, den mitzuerleben ich das Glück und das Vergnügen hatte, kaum dass ich vierundzwanzig Stunden in München war.
Ein solches Ereignis hinterlässt eine bleibende Erinnerung. Ich reise seit
nunmehr fünfzehn Jahren durch die Welt und habe alles mögliche gesehen, doch wage ich zu behaupten, dass es nichts Besseres gibt als einen
guten Putsch. Ich gebe zu, es übersteigt meine Fähigkeiten, den Putsch
in Bayern so zu schildern, dass der Leser ihn sich vorstellen kann, ohne
dabeigewesen zu sein. Wenn ich es dennoch versuche, so deshalb, weil
ich damit meinen Lebensunterhalt verdiene und mir nichts anderes übrigbleibt. Bevor ich jedoch beginne, glaube ich den Leser darauf hinwei-
sen zu müssen, dass es allein meine Schuld ist, wenn ihm das, was ich
erzählen werde, nicht gefällt, denn dann habe ich es nicht gut erzählt.
Der Münchner Putsch war großartig, und jeder sollte in seinem Leben
wenigstens einen Putsch miterlebt haben. Sollte einer meiner geschätzten
Leser eines Tages nach München reisen und an einem Bierkeller vorbei-
kommen, in dem gerade ein Putsch stattfindet, so rate ich ihm, hineinzu-
gehen. Ich bin sicher, er wird es nicht bereuen.

IN BAYERN GIBT ES KEINE POLITIK OHNE BIER

Genau das habe ich getan. Der Tag nach meiner Ankunft war der achte
November, der Vorabend des fünften Jahrestags der deutschen Revolution.
Die deutsche Revolution vom neunten November wurde in aller Eile von
einer Handvoll von Belgien bezahlter Juden organisiert, und zwar genau
in dem Augenblick, in dem Deutschland kurz vor dem entscheidenden
Sieg stand. Das wissen in Bayern selbst die Hunde und die Kinder, und an
jedem Jahrestag der verbrecherischen Revolution strömen die Bayern mit

trauernder Seele in Massen in die Bierkeller. Jeder vaterländische Verein – und von denen gibt es so viele wie Pilze im Herbst – nimmt einen Keller in Beschlag. Es gibt Reden, Geschrei, patriotische Lieder und Bier. Vor allem Bier. Eine Maß nach der anderen wird geleert, dazu werden Reden geschwungen und Lieder angestimmt, was das Zeug hält, und es wird aus Pfeifen geraucht, die so groß sind wie Öfen. Die Luft wird immer dicker, und man kann den Putsch förmlich riechen. Es ist erstaunlich, dass er fünf Jahre auf sich hat warten lassen.

Im Bürgerbräukeller – dem berühmtesten Keller in München – fand eine ganz besondere Feier statt. Die bayerische Regierung, vertreten durch alle ihre Minister, hatte den Vorsitz. Hauptredner des Abends war Generalstaatskommissar von Kahr, und ihm zu Seite saß General von Lossow, ein ganzer Kerl, mit Galauniform, diversen Kreuzen und einem Paar Epauletten, die aussahen, als wären sie aus massivem Gold. Die Männer saßen auf einem Podest und den riesigen Saal füllte ein ausgesuchtes Publikum, die Creme de la Creme Münchens und der Bayerischen Volkspartei. Die Männer trugen kurze Hosen, niedrige Schuhe, Füßlinge und Gamaschen, die Knöchel und Knie freiließen, sowie eine Hahnenfeder am Hut. Jedermann trank Bier, und jeder der vorsitzenden Herren hatte einen gewaltigen Krug vor sich. Generalstaatskommissar von Kahr hob nach jedem Absatz seiner programmatischen Rede den Krug, steckte den Kopf halb hinein und zog ihn mit tropfendem Schnurrbart wieder hervor.

Was für eine Rede, die Rede von Kahrs! Gegen die Regierung in Berlin und gegen Frankreich, vor allem aber gegen den »Marxismus«. Der Marxismus ist an allem schuld: An der Niederlage, am Verlust Elsass-Lothringens, am Niedergang der Monarchie und dem Anstieg der Bierpreise. Elsass-Lothringen muss zurückerobert werden, man muss ein Heer aufstellen, man muss die Monarchie wieder einführen, man muss Berlin säubern. Vor allem aber muss man den Marxismus vernichten. Solange der deutsche Geist noch die kleinste Spur Marxismus aufweist, werden wir nichts erreichen …

HITLERS GLÖCKCHEN

Von Kahrs Rede neigte sich dem Ende zu, und die Zuhörer, die in Strömen von Bier schwammen, wären nur zu gern schlafen gegangen. Doch Hitler hatte andere Pläne. Sechs Kompanien der »Kampfhunde«, des Kampfverbandes der NSDAP, besetzten um halb zehn die Straßen rund um den Bürgerbräukeller. Hitler höchstpersönlich erschien mit etwa fünfzig Gefolgsleuten und zwei Maschinengewehren am Haupteingang. Sie ließen die Maschinengewehre bei einem Posten zurück, und Hitler drang mit seiner Leibwache ins Vestibül vor. Von drinnen konnte man sie schreien und lärmen hören. Die Leute standen auf, sangen »Deutschland, Deutschland über alles« und riefen wild durcheinander: »Es lebe von Kahr! Es lebe König Rupprecht!« Inzwischen hatte Hitler in Begleitung von etwa dreißig mit Revolvern bewaffneten Männern den Saal betreten. Er hielt den Revolver in der rechten Hand und schrie aus voller Kehle: »Es lebe Deutschland! Nieder mit der Regierung der Juden! Seid still! Wir gehen nicht gegen von Kahr vor!«

Mit seiner schmetternden Stimme verschaffte sich Hitler im Lärm Gehör. Die Menschen machten ihm Platz, und schon stand er auf dem Podest. Von Kahr steckte seine Papiere in die Tasche und setzte sich. Hitler wollte etwas sagen, aber die Hochrufe auf von Kahr und König Rupprecht übertönten ihn. Da reckte Hitler mit einer Geste, die eines nordamerikanischen Films würdig gewesen wäre, die Hand in die Luft und schoss zweimal in die Decke.

Überall auf der Welt hätte Hitlers Glöckchen eine kopflose Flucht ausgelöst. Aber das Bier erweist sich letztlich als Garant für Ordnung und sichert den Erfolg eines jeden Putsches. Ein Bayer mit sechs oder acht Litern Bier im Bauch ist nur eingeschränkt bewegungsfähig. Statt zu fliehen, fanden es die im Bürgerbräukeller Versammelten einfacher, den Mund zu halten und sich wieder hinzusetzen. Und nun begann der eigentliche Putsch.

Hitler macht keine halben Sachen. Seine erste Rede dauerte nicht länger als drei Minuten, und als er geendet hatte, war die Welt – vor allem die bayerische Welt – eine völlig andere als zu Beginn seiner Rede. Von Knilling war nicht länger Ratspräsident von Bayern, sondern einfaches Ratsmitglied; von Kahr, der Generalstaatskommissar, sah sich mit der Regentschaft Bayerns betraut; der ehemalige Polizeichef Pöhner, der eben mit den Händen in den Hosentaschen hereingekommen war, wurde bayerischer Regierungschef; General Ludendorff verfügte über ein deutsches Heer, das viermal so groß war wie das derzeitige; General von Lossow blieb Kriegsminister, und er, Hitler, übernahm – nachdem er die Berliner Regierung und den Präsidenten der Republik weggepustet hatte – die Präsidentschaft einer nationalen Regierung und war bereit, am nächsten Morgen an der Spitze seiner Sturmtrupps auf Berlin zu marschieren und über dem Königsschloss die weiße Fahne mit dem Hakenkreuz zu hissen.

Hatte von Kahr schon großen Erfolg gehabt, so war der Erfolg Hitlers unbeschreiblich. Das »Deutschland, Deutschland über alles« schien kein Ende nehmen zu wollen. Aber Hitler hatte noch viel vor, und so befahl er den Leuten, sich zu setzen und den Mund zu halten: »Keiner verlässt den Raum. Meine Truppen haben das Lokal umstellt. Wir werden nun unsere erste Ratssitzung abhalten. Warten Sie das Ergebnis unserer Beratungen ab. In einer Viertelstunde wird ein neues Deutschland aus diesem Keller erstehen.«

Nach einer Viertelstunde verkündete Hitler dem Volk, dass alle Männer die Ämter akzeptiert hatten, die er ihnen angetragen hatte. Der Putsch war eine historische Tatsache. Die neuen Regierungen von Bayern und Deutschland begannen ihre Arbeit mit sofortiger Wirkung. Nach Hitler sprachen noch die wichtigsten Persönlichkeiten: von Kahr sagte, er sei der Statthalter des Königs, Dr. Pöhner sagte Hitler, er solle nach Gut-

dünken handeln, und General Ludendorff, der sich nicht gern mit Lap-
palien abgab, sagte, in diesem Augenblick werde die Geschichte Europas
gewendet.

Der stämmige General streckte zufrieden den Arm mit der geballten
Faust aus, als hielte er eine unsichtbare Pfanne in der Hand, in der Europa
wie ein Omelett die entscheidende Wendung machte.

[*La Veu de Catalunya,* **17. November 1923**]

Der Separatismus und die schwarze Börse

Früher fuhr man nach Bonn, um Beethovens Geburtshaus zu besichtigen. Fünf Jahre Krieg und fünf Jahre Frieden haben genügt, um Beethovens Geburtshaus völlig in Vergessenheit geraten zu lassen. Heute hat die alte, romantische Universitätsstadt neuere und aufregendere Sehenswürdigkeiten zu bieten. Bonn ist eines der Zentren des rheinischen Separatismus und zugleich eine der Städte, in denen am schärfsten gegen den Separatismus vorgegangen wird. Wenige Stunden, nachdem die Separatisten das Rathaus zum ersten Mal gestürmt hatten, mussten sie Hals über Kopf wieder abziehen. Aber am nächsten Tag kamen sie zurück, und seither halten sie das Rathaus besetzt. An der Fassade weht die rot-weiß-grüne Fahne nach der bewährten Formel stolz, hoch und einsam. Am Eingang stehen bewaffnete Posten der republikanischen Armee mit dreifarbiger Armbinde, grünem Käppi und Militärgewehr. Zu beiden Seiten des Eingangs sind Maschinengewehre postiert. Niemand kann ins Rathaus hinein oder hinaus, ohne sich auszuweisen. Man könnte sagen, die Separatisten seien die Herren über Bonn, wären da nicht die Franzosen, die die Herren über Bonn und die Separatisten sind. Auf jeden Soldaten der Rheinischen Republik kommen zehn, zwanzig, hundert Soldaten der französischen Republik. Die meisten dieser Soldaten der französischen Republik sind Schwarze, die durch die Straßen flanieren, als wären sie hier zu Hause, die lachen, schreien, sich in ihrer Sprache unterhalten und Scherze machen. Manchmal löst sich, wenn sie so herumalbern, ein Schuss und tötet ein paar Kinder, aber man kann nicht behaupten, dass sie böswillig wären. Im Gegenteil: Es ist kaum zu verstehen, dass sich nicht noch mehr Unglücksfälle ereignen. Das Natürlichste wäre, dass ein Schwarzer beim Anblick einer Trambahn reagiert wie ein Weißer beim Anblick eines Löwen und blindlings drauflos schießt. Aber nein. Die Schwarzen haben keine Angst vor der Trambahn. Manche von ihnen steigen sogar auf und unterhalten sich lange mit dem Fahrer. Wer hat recht: Die Deutschen, die sich beklagen, dass die Schwarzen es sich bei ihnen bequem gemacht haben, oder General Mangin, der sagt, die Schwarzen seien das Beste, was es gibt? Im Augenblick hat der General recht, und wenn er es nicht hat, dann nimmt er es sich.

Die schwarze Armee und die schwarze Börse sind die beiden großen Attraktionen, die die Stadt Bonn dem Fremden derzeit zu bieten hat. Neben diesen großartigen Zeugnissen zeitgenössischen europäischen Lebens nehmen sich die Separatisten – ganz zu schweigen von Beethoven – aus wie Komparsen. Sie sind nicht die Ursache, sie sind die Wirkung. Gäbe es in Bonn nicht seit ein paar Monaten die schwarze Börse, säßen die Separatisten heute ganz sicher nicht im Rathaus. Aber selbst wenn sie heute noch verschwänden, würde die schwarze Börse auch weiterhin das Leben in der Stadt untergraben und bewirken, dass sie morgen wiederkommen. Eine Stadt wie Bonn, ein Land wie das Rheinland, das von dieser Fäulnis zerfressen wird, bietet den natürlichen Nährboden für ein paar hundert Männer, die sich ein grünes oder graubraunes Käppi aufsetzen, auf die Straße gehen und versprechen, für Ruhe und Ordnung zu sorgen. Die Hauptstraße von Bonn, vollgedrängt mit Menschen, denen anzusehen ist, dass sie dem Herrgott die Zeit stehlen, bietet einen hässlichen und jämmerlichen Anblick. Auf den zweihundert Metern vom Bahnhof bis zu Beethovens Geburtshaus treten an die fünfzig undurchsichtige Gestalten – Männer wie Frauen – an einen heran und fragen immer dasselbe: »Möchten Sie tauschen?«

Diese Leute haben die Taschen voller französischer Francs, und der Franc ist heute im Rheinland ein Artikel, der zum Leben so nötig ist wie das Brot. Der Franc steht für Bewegungsfreiheit. Im Rheinland verkehren ausschließlich die Züge der *Régie française*, und diese akzeptiert nur französische Francs. Wer keine Francs hat, muss zu Hause bleiben. Wer verreisen will oder muss und keine Francs hat, muss welche kaufen. Aber wo? Die Wechselstuben haben nie welche, die Banken ebensowenig. Aber die schwarze Börse ist voll davon, und dass dem so ist, dafür sorgen selbstverständlich die Banken und Wechselstuben. Hinter dem Schalter sind dem Raub Grenzen gesetzt, auf der Straße nicht. Die Männer mit aufgeknöpftem Hemd und die Frauen im Pelzmantel verlangen für die Francs, die sie haben, was sie wollen, und die wehrlosen Menschen müssen zahlen, was sie verlangen, denn die Züge warten nicht. Ein Franc, der in Berlin fünfundzwanzig Milliarden Mark kostet, kostet in Bonn, während ich dort bin, sechs-, sieben- oder achthundert Milliarden. Der Preis hängt von der Schwärze der Seele des »Börsianers« ab.

Die Moral von der Geschichte: Die Separatisten sind Männer mit grünen Käppis, die behaupten, wenn sie gewinnen, sei Schluss mit der schwarzen Börse. Und die Leute, erschöpft und angewidert, denken: hoffentlich.

Bonn, November
[*La Veu de Catalunya*, **20. November 1923**]

von Kahr erklärt den Münchner Putsch

Nach dem großartigen Spektakel im Bürgerbräukeller, nach Hitlers Re-
volverschüssen und den hitzigen Reden eben dieses Hitlers, Ludendorffs,
Pöhners, Seißers[46] und General von Lossows, nach der Bildung dieser
nationalen Regierung, die alles in Ordnung bringen würde, und der Auf-
stellung dieses neuen deutschen Heeres, das alles verschlingen sollte: Berlin, Paris, Elsass-Lothringen … stellt sich jetzt heraus, dass es das alles gar
nicht gegeben hat. Keine neue Regierung, kein neues Heer, keinen Putsch.
Alles war nur ein kleiner Scherz unter Freunden, eine Abendunterhaltung
für die Gäste von außerhalb.

Das zumindest versichert von Kahr, der vor einem Halbkreis aus
bayerischen und ausländischen Journalisten sitzt, in vollem Ernst: »Man
muss nicht von einem Putsch reden«, sagt er. »Es hat überhaupt keinen
Putsch gegeben, weder in München noch in Bayern oder in Deutschland.
Das, was geschehen ist, war kein Putsch, sondern ein Dummejungen-
streich einiger hitziger junger Männer, die über die Stränge geschlagen
sind. Hitler ist ein großer Junge, aber er hat keine Geduld. General Ludendorff ist ein großer General, aber er steht unter Hitlers Fuchtel. Wir, das
heißt General von Lossow, Oberst Seißer und ich, haben nichts mit dem
zu tun, was geschehen ist. Man hat uns völlig überraschend die Pistole
auf die Brust gesetzt. Hätten wir nicht zu allem ja und amen gesagt, hätte
das unseren Tod und den Untergang des Vaterlands zur Folge gehabt. Indem wir zum Schein darauf eingegangen sind, haben wir das Vaterland
gerettet – und überdies die eigene Haut. Also haben wir so getan, als würden wir akzeptieren. Sie an unserer Stelle hätten ebenso gehandelt.«

Zweifellos. Dennoch macht Herr von Kahr, Generalstaatskommissar
und bayerischer Diktator, so, wie er hier vor uns sitzt, keinen sympathischen Eindruck. Während er spricht, hat er die Hände in den Taschen
und den Blick gesenkt. Er ist von Kopf bis Fuß schwarz gekleidet, trägt
einen kurzen Gehrock, eine Krawatte, die sein Hemd verbirgt, und einen

geraden, hohen, breiten Kragen, der sein Doppelkinn bedeckt und an seinen Ohrläppchen scheuert. Ein Schnurrbart, der aussieht wie angeklebt, nimmt dem Mund und der Nase jeden Charakterzug, und in die schmale, zurückweichende Stirn fallen auf beiden Seiten bis zu den Augenbrauen ein paar feine, haltlose Haarsträhnen.

»Was geschehen ist, ist geschehen«, fährt er fort, »gegen meinen Willen und obwohl ich alles getan habe, um es zu verhindern. Noch am Nachmittag des achten November habe ich mich mit den Vertretern der vaterländischen Vereine und Gesellschaften zu einem letzten Gespräch getroffen. General Ludendorff war dabei. Ich habe noch einmal erklärt, dass es meiner Meinung nach zu früh sei, auf die Straße zu gehen. Im Norden Deutschlands ist die Zeit dafür noch nicht reif. Es besteht keine Einheit. Zuerst müssen noch viele Hindernisse beseitigt und viele Konflikte gelöst werden, viele schwerwiegende Fragen sind zu beantworten. Die Frage nach der Monarchie, die in Bayern bereits geklärt ist, stellt das restliche Deutschland vor beunruhigende und schwierige Probleme. Wer soll Kaiser werden? Ist es sinnvoll oder überhaupt möglich, alle Dynastien wieder einzusetzen? Für viele Patrioten im Norden Deutschlands hat die Frage nach der Monarchie keinerlei Bedeutung. Andere glauben, der Name General Ludendorffs, der im Ausland nicht sehr geschätzt wird, könne der deutschnationalistischen Bewegung eher schaden als nützen. Alle diese Fragen müssen erörtert werden, bevor man zur direkten Aktion übergeht. Das ist meine Ansicht, und nachdem ich sie kundgetan hatte, zeigten sich alle Anwesenden, darunter Hitler und Ludendorff, einverstanden.

Fünf Stunden später drang Hitler – unter Bruch des von ihm zuvor gegebenen Wortes – in den Bürgerbräukeller ein und zwang General von Lossow, den Polizeichef Oberst Seißer und mich mit vorgehaltener Pistole, sich der von ihm begonnenen ›nationalen Revolution‹ anzuschließen.

Durch unsere vorläufige Anerkennung der gegebenen Umstände, die man keinesfalls als Ehrenwort betrachten darf, weil sie uns gewaltsam abgerungen wurde, haben wir unser Leben gerettet und uns genügend Bewegungsfreiheit bewahrt, um die Freveltaten zu verhindern, denen Deutschland zum Opfer fallen sollte. Das ist uns gelungen. Die Armee steht hinter General von Lossow. Die Polizei steht hinter Oberst Seißer. General von Lossow und Oberst Seißer stehen hinter mir. Mehr kann ich nicht verlangen. General Ludendorff ist heute morgen verhaftet worden, aber wir haben ihn gleich wieder laufen lassen, weil er versprochen hat, artig zu sein. Hitler ist geflohen, aber wir werden ihn erwischen und bestrafen, denn das, was er getan hat, ist nicht in Ordnung. Ich stehe da, wo ich zuvor schon stand, und da werde ich auch bleiben. Ich habe es mir zum Ziel gesetzt, den Marxismus aus Deutschland zu vertreiben und die Monarchie wieder einzuführen. Es fehlt mir nicht an Mitstreitern. Gemeinsam haben wir schon viel erreicht, und das, was es noch zu tun gibt, wird schnell getan sein. Das Wichtigste ist, dass man uns in Ruhe lässt.«

»Dieser Mann ist gefährlich; er sagt, was er denkt«, sagte Thiers über Bismarck kurz vor Beginn der preußischen Kriege gegen Österreich, Dänemark und Frankreich. Von Kahr ist einer dieser Männer, die sagen, was sie denken, und er ist zweifellos nicht so bedeutend wie Bismarck. Aber gefährlicher als Hitler.

München, November
[*La Veu de Catalunya*, **23. November 1923**]

Adolf Hitler oder die entfesselte Dummheit

Nur wenige Stunden vor dem Staatsstreich, der ihn für eine Nacht zum Diktator von Deutschland machen sollte, hat uns Adolf Hitler ein Interview gewährt, das man zweifellos als interessant bezeichnen kann. Durch die jüngsten Ereignisse sahen wir uns gezwungen, uns zunächst anderen Dingen zuzuwenden und aus anderen Gründen über Hitler zu sprechen. Wir glauben aber, dass es ungerecht und rücksichtslos wäre, die Erklärungen unveröffentlicht zu lassen, die der zukünftige Exdiktator von Deutschland uns freundlicherweise gegeben hat. Verwundet und gefangen ist Adolf Hitler für uns der gleiche, der er gesund und in Freiheit war: Der dümmste Mensch, den wir jemals das Vergnügen hatten kennenzulernen. Ein Dummkopf voller Tatendrang, Vitalität und Energie, ein maßloser, nicht zu bremsender Dummkopf. Ein gewaltiger, großartiger Dummkopf, der zu einer glanzvollen Karriere berufen ist (wovon er noch fester überzeugt ist, als wir es sind).

Adolf Hitler ist der Führer der Nationalsozialistischen Partei; er ist der Oberbefehlshaber der Kampfeinheiten der Nationalsozialistischen Partei; und er ist der wahre Leiter der Zeitung *Völkischer Beobachter*, des Organs der Nationalsozialistischen Partei. Er ist jung, weit unter vierzig. Was sein Erscheinungsbild betrifft, hatten wir in diesen Kolumnen ja schon einmal Gelegenheit zu einer Beschreibung. Zwar hatten wir damals von Hitler nichts weiter gesehen als ein Bild, aber jetzt, da er vor uns stand, wüssten wir dieser Beschreibung nicht ein Wort hinzuzufügen. Zwischen dem Bild und dem Mann herrscht absolute Übereinstimmung. Man sieht auf den ersten Blick, dass Hitler einer dieser Männer ist, die auf die Welt gekommen sind, um sich porträtieren zu lassen.

Er empfängt uns in seinem Büro des *Völkischen Beobachters*. Er trägt einen Regenmantel mit aufgesticktem Hakenkreuz am Ärmel, nimmt die Mütze nicht ab und grüßt uns mit militärischem Hackenschlag. Alle Leute, die während unseres Gesprächs im Büro ein- und ausgehen, grüßen auf die gleiche Weise. Hitler bietet uns Stühle an und legt sofort los: »Spanier, was? Zwei Spanier (wir sind zu zweit, Josep Pla und ich). Sehr schön, sehr schön. Zwei Spanier …«

Wir lassen ihn reden.

»Den Spaniern stehen in Bayern alle Türen offen. Es sind die einzigen Ausländer, die das von sich behaupten können. Für alle anderen Ausländer hegen wir nur sehr geringe Sympathie. Wir brauchen sie nicht, und wir wollen sie nicht, und Gott sei Dank gibt es in München so gut wie keine mehr. Die meisten Ausländer in dieser Welt sind Juden, verstehen Sie? Man darf ihnen nicht trauen. Italiener, Engländer, Rumänen, Holländer … Sie alle haben ihre Pässe. Dass ich nicht lache! Das sind alles Juden. Ich sage Ihnen ganz offen: Vor einigen Monaten war es gefährlich, durch München zu laufen, wenn man wie ein Ausländer aussah. Die Jugend war sehr erregt, und oft hat es Prügel gesetzt. Mit Ihrer Nase wären Sie nicht davongekommen. Hätten Sie allerdings nach dem ersten Schlag gesagt, dass Sie Spanier sind, hätte niemand Ihnen einen zweiten versetzt …«

Hitler lacht, ich ebenfalls, allerdings nicht ganz so aus vollem Herzen wie er.

»Das war notwendig, unerlässlich«, fährt er gleich darauf fort, »und wir haben unser Ziel noch nicht erreicht. Ob wir es erreichen werden? Darauf können Sie wetten. Die Judenfrage ist ein Krebsgeschwür, das unseren deutschen nationalen Organismus zerfrisst. Ein politisches und soziales Krebsgeschwür. Glücklicherweise sind die sozialen und politischen Geschwüre nicht unheilbar. Man kann sie herausschneiden. Wenn wir wollen, dass Deutschland lebt, müssen wir die Juden vernichten …«

»Mit Prügeln?«

»Das wäre das beste, aber sie sind zu viele. Ein Pogrom ist eine großartige Sache, aber heutzutage hat es einen Gutteil seiner mittelalterlichen Wirkungskraft verloren. Im Mittelalter gab es kein nationales Judenproblem. Es gab nur eine Reihe örtlicher oder regionaler Probleme, und zu ihrer Lösung genügte ein Pogrom. Heutzutage ist das anders. Was hätten wir davon, die jüdische Bevölkerung von München auszurotten, wenn die Juden im übrigen Land, so wie jetzt, weiterhin über Geld und Politik herrschen? In ganz Deutschland gibt es mehr als eine Million Juden. Was wollen Sie tun? Sie alle über Nacht umbringen? Das wäre natürlich die beste Lösung, und wenn man das zuwege brächte, wäre Deutschland gerettet. Aber das ist nicht möglich. Ich habe das Problem von allen Seiten untersucht: Es ist nicht möglich. Die Welt würde über uns herfallen, anstatt uns zu danken, was sie eigentlich tun sollte. Die Welt hat die Wichtigkeit der Judenfrage nicht verstanden, aus dem einfachen Grund, weil sie von den Juden beherrscht wird. Verstehen Sie jetzt? Die Judenfrage ist eine Kette, und Deutschland muss diese Kette zerreißen, wenn es nicht sterben will. Wie? Auf welche Weise? Wir haben schon gesehen, dass es mit Pogromen nicht geht. Also bleibt nur die Vertreibung: die Massenvertreibung. Spanien hat vor mehr als vierhundert Jahren mit der Vertreibung der Juden …«

»Glauben Sie, dass Spanien sich damit einen Gefallen getan hat?«

»Ich wäre Ihnen dankbar, wenn Sie mich ausreden ließen. Spanien hat das Ganze völlig falsch angepackt. Und warum? Können Sie mir sagen, warum? Die Katholischen Könige haben das Judenproblem nicht verstanden, wenn Sie mir die Bemerkung erlauben. Sie hielten es für ein religiöses Problem und gewährten den Juden, die zum Katholizismus konvertierten, das Recht, in Spanien zu bleiben. Mehr als die Hälfte konvertierte. Verstehen Sie? Mehr als die Hälfte! Natürlich [*die nächsten drei Zeilen sind durchgestrichen. Seit September 1923 gab es in Spanien die Militärzensur*]. Das Judenproblem – lassen Sie sich das ein für alle Mal gesagt sein – ist kein religiöses Problem. Es ist ein rassisches Problem, und seine Lösung liegt in der Vertreibung. Aber in der strikten Vertreibung der gesamten jüdischen Rasse, sowohl der praktizierenden Juden wie auch der gleichgültigen oder der konvertierten. In Bayern hat die Judenvertreibung schon begonnen, aber zaghaft. Von Kahr weist nach und nach alle Juden aus, die keine bayerischen Bürger sind. Das ist sehr wenig, aber man muss von Kahr zugestehen, dass er nicht mehr tun kann. Ihm sind die Hände gebunden.«

»Darf man wissen, von wem?«

»Sie werden bass erstaunt sein. Der größte Verteidiger der Juden in Bayern ist der Erzbischof von München, Kardinal Faulhaber. Ein großer Mann, klug, aufrecht, national und monarchistisch gesinnt. Aber Kardinal, verstehen Sie? Kardinal und Erzbischof, und darum verpflichtet, die Anweisungen des Vatikans zu befolgen, sprich, der Juden. Der Vatikan ist das Zentrum der internationalen jüdischen Verschwörung gegen die Befreiung der germanischen Rasse. Das wissen wir aus sicherer Quelle, und wenn ich Ihnen alles erzählen könnte, was ich weiß, würden Ihnen die Augen aufgehen.«

Hitler muss uns nichts mehr erzählen. Er braucht nur zu reden, und schon bewundern wir ihn. Seine Ansichten über das Judenproblem sind klar und äußerst erheiternd. Morgen werden wir seine wirtschaftlichen und politischen Ideen darstellen, und unsere geschätzten Leser werden – ebenso wie wir – wiederholt Gelegenheit haben, aus ihnen Nutzen zu ziehen.*

München, im November
[*La Veu de Catalunya*, **24. November 1923**]

---

* Der angekündigte Artikel konnte nicht erscheinen, weil die *Veu de Catalunya* Xammar wegen des Artikels über Hitler nicht weiter als Korrespondent beschäftigte (vgl. S. 9).

Geschichten aus Bayern:
Hitlers Monolog, von Josep Pla

Es ist schwierig, Hitler zu treffen. Als echter Revolutionär führt er ein unstetes, bewegtes und wildes Leben. Aber für uns ist es jetzt einfach. Die Tatsache, dass wir spanische Staatsbürger sind, verleiht uns derzeit in Bayern moralische Kraft und erweist sich als hilfreich. Wir brauchen nur zur Redaktion von Hitlers Tageszeitung zu gehen und gleich am Eingang vor dem Portier eine Hymne auf unseren Diktator anzustimmen. In jedem anderen Land würde man uns für verrückt erklären, in München wird dies und alles andere geduldet, solange es nur reaktionär ist.

Von der Portiersloge aus gelangt man in die Redaktion; wichtig ist nur, dass man dabei unablässig das Loblied Primo de Riveras singt. Das funktioniert. Der eine oder andere Redakteur sagt: »Spanier sind die einzigen Ausländer, die in Bayern gern gesehen sind.« Wir lassen uns alles sagen, Hauptsache, der Kontakt mit der Kette der Redakteure reißt nicht ab, Hauptsache, wir gelten nicht als antireaktionär. Zuletzt haben wir die Hymne so oft gesungen, dass sie ein wenig rostig klingt, und den ganzen Tag vergeudet – den einen reaktionären Tag unseres Lebens –, aber da geht die Türe auf, und Hitler empfängt uns mit offenen Armen oder doch zumindest mit einem Lächeln auf den Lippen.

Die Redaktion des *Völkischen Beobachters* ist ein Schlachtfeld. Man stellt fest, dass ein reaktionäres Schlachtfeld sich nicht wesentlich von einem revolutionären Schlachtfeld unterscheidet. Es herrscht dasselbe Chaos, dasselbe Kommen und Gehen, man erlebt die gleichen pittoresken Dinge, die gleiche nutzlose Fieberhaftigkeit. Außerdem ist Hitlers Feldlager voller internationaler Elemente. Hitler selbst ist nicht etwa Deutscher aus deutschen Landen, sondern ein Deutscher aus Böhmen. Seine wichtigsten Stellvertreter sind Deutsche aus dem Donaugebiet. Es gibt legitimistische Österreicher, Tschechen, die gegen Prag sind, Ungarn, die dem alten Regime anhängen. Man glaubt, in der Redaktion einer Tageszeitung zu sein, und findet sich im Haus der Völker wieder.

Hitlers Kennzeichen ist der Regenmantel. Es ist ein ganz gewöhnlicher Regenmantel mit Gürtel und großen Aufschlägen, aber er sieht aus wie der Prototyp aller gewöhnlichen Regenmäntel mit Gürteln und großen Aufschlägen. Am Ärmel des Regenmantels trägt Hitler ein großes teutonisches Kreuz. Dieses Kreuz ist heutzutage in Deutschland das Kennzeichen der Antisemiten. Das Kennzeichen der Juden sind die beiden übereinanderliegenden Dreiecke, von denen eines auf dem Kopf steht. Die Antisemiten benutzen ein Kreuz, das an allen vier Armen eine Verlängerung hat, so dass es aussieht wie ein Schöpfrad.

»Die politische Situation in Deutschland«, beginnt Hitler, »ist unter dem Gesichtspunkt der Würde unserer Partei, unter dem Gesichtspunkt der Würde unserer Rasse, ganz und gar unerträglich. Wir sind zu allem bereit, außer dazu, in diesem schändlichen, erbärmlichen Zustand zu verharren. Selbst der Krieg ist besser, tausendmal besser, als die Fortdauer dieser erbärmlichen Sklaverei. Überall auf der Welt haben die Männer der Ordnung triumphiert, die Männer der eisernen Faust, die Patrioten, die wahren Freunde ihres Vaterlands. Wir jedoch werden noch immer von einer Gruppe unheilvoller Experimentierer beherrscht, von Marxisten und Juden, die vom Ausland gekauft sind. All das muss ausgetrieben werden. Vor allem müssen wir generell, mit einer Explosion an allen Ekken des Reiches, das Judenproblem lösen. Wir werden dieses Problem durch eine Massenvertreibung lösen. Unser Vorbild ist das, was in Spanien mit den Juden geschehen ist, aber wir werden die spanische Lösung noch verbessern. Wir werden den Juden nicht die Wahl lassen zwischen Konversion und Vertreibung, wie Spanien es getan hat. Nein. Wir sind schlicht und einfach für Vertreibung. Für Spanien war die Judenfrage eine religiöse Frage, für uns ist sie eine rassische Frage. Hier in Bayern ist man schon dabei, die Juden auszuweisen, die keine bayerischen Staatsbürger sind. Das ist der erste Schritt zu einer allgemeinen Ausweisung.

Uns ist durchaus bewusst, dass die Lösung dieses Problems uns gewaltige Anstrengungen abverlangen wird. Zuallererst werden wir auf den Widerstand der Katholiken stoßen, denn der Vatikan ist der größte Fürsprecher des internationalen Judentums und das Zentrum all seiner Intrigen.«

»Für uns«, fährt Hitler fort, »handelt es sich also um eine Rassenfrage. Deutschland muss von Deutschen und mit deutschen Methoden regiert werden. Der Marxismus ist die Verneinung unseres Geistes, der vor allem anderen national und patriotisch ist. Wir sind Sozialisten, wir interessieren uns für alle Probleme der Arbeiterklasse, weil sie deutsche Probleme sind, aber wir glauben nicht, dass es für diese Probleme eine andere Lösung geben kann als die antimarxistische, das heißt den Nationalismus. Unsere Partei heißt Nationalsozialistische Partei, und dieser Name macht deutlich, wo wir stehen. Wir haben nichts gegen die Kommunisten einzuwenden. Wir haben die besten Beziehungen zu dieser Partei. Die kommunistischen Arbeiter sind keine unreinen Deutschen, weil der Kommunismus in Deutschland nichts Widernatürliches ist. Für den Sieg zählen wir auf die Kommunisten. Gleichzeitig sind wir entschlossene Befürworter einer Allianz mit Russland. Russland wird heute von marxistischen Elementen regiert. Die Rolle Deutschlands wird sein, die Regierung dieses großen Landes im Osten von diesen Elementen zu säubern und dafür zu sorgen, dass in Russland die fremdrassigen Elemente von den reinen Elementen beherrscht werden. Dann wird die Stunde gekommen sein, Seite an Seite zu marschieren, der großartigen Zukunft entgegen, die vor dem deutschen und dem russischen Volk liegt.«

»Die Politik, die heutzutage mit uns getrieben wird«, sagt Hitler mit einem Nachdruck, der in direktem Verhältnis zu seinem entfesselten Überschwang steht, »hat die moralische und körperliche Verarmung des deutschen Volkes zum Ziel. Man will uns vernichten. Am Ende dieser Politik kann natürlich nur der Krieg stehen. Frankreich kann tun, was es tut, weil es von Amerika aufgehetzt und bezahlt wird. England hingegen steht von Tag zu Tag mehr auf unserer Seite und hat Frankreich nur deshalb noch nicht den Krieg erklärt, weil es Angst hat. Aber dieser Knoten muss zerschlagen werden, so wie der napoleonische Knoten zerschlagen wurde. Deutschland steht heute vor der gleichen Situation wie 1803. Auch damals wurden wir besetzt, und nur unsere schnelle, entschlossene Reaktion hat uns gerettet. Wenn Deutschland sich retten will, muss es sich entschließen, den Schlag von 1803 zu wiederholen, diesen großen Schlag, der das Erwachen unserer Rasse bedeutet.«

Dann kommt Hitler wieder auf die Lage im Inland zu sprechen: »Als Partei, die die Regierung anstrebt, müssen wir Lösungen für die dringlichsten Probleme finden, und wir haben sie auch. Das wichtigste Problem heutzutage sind die hohen Lebenshaltungskosten. Das Leben hier ist teurer als in Amerika. Wenn in einem Land, das hauptsächlich vom Export lebt, die Lebenshaltungskosten hoch sind, muss die Arbeitskraft teuer bezahlt werden. Und so kann es nicht mithalten, weil es im Nachteil ist. Wir wollen das Leben billiger machen und in ganz Deutschland eine Kette staatlich geführter, nationalisierter Kaufhäuser einführen. In diesen Kaufhäusern wird der Arbeiter, der Arme, zu einem günstigen Preis alles finden, was er und seine Familie zum Leben brauchen. In Deutschland gibt es viele Kaufhäuser, aber sie sind größtenteils in der Hand von jüdischen Einzelpersonen oder Firmen. Von diesen nationalen Kaufhäusern erwarten wir alle möglichen Wunder.«

Hitler erklärt uns diese Wunder. Wir werden sie hier nicht wiederholen, denn der Leser kennt sie schon. Sie lassen sich im folgenden Reklamesatz zusammenfassen: »Gute, günstige Ware«. Das sind die Wunder des »deutschen Artikels«.

Und dies ist Hitlers Monolog.

München, im November
[*La Publicitat*, **28. November 1923**]

Erklärungen statt Wahlprognosen

Übermorgen wird in Deutschland gewählt. Es ist ein bisschen spät für Prognosen. Wenn dieser Artikel erscheint, wird der Leser die Ergebnisse schon kennen, zumindest teilweise, und die Prognosen werden überflüssig sein. Natürlich habe ich so meine Vermutungen, wie die Wahlen ausgehen werden; ich habe sogar mit einem Deutschen, der einen anderen Wahlausgang erwartet als ich, eine Wette abgeschlossen. Aber es wäre naiv und müßig, jetzt noch den Propheten spielen zu wollen. Vor drei Wochen, als ich noch nicht das Vergnügen hatte, für *La Publicitat* zu schreiben, wäre ein Artikel mit Wahlprognosen sehr interessant und genau das richtige gewesen und hätte dem Leser das angenehme Gefühl vermittelt, seinen Wissensschatz zu erweitern, das einen beim Lesen von Statistiken immer überkommt. Hätte sich dann nach den Wahlen erwiesen, dass meine Prognose vollkommen danebenlag, hätte niemand mich dafür getadelt, weil alle sie schon längst vergessen hätten. Würde ich mich hingegen jetzt auf das riskante Spiel mit Hypothesen einlassen und dem Leser die Möglichkeit geben, meine *a priori* angestellten Vermutungen mit den mathematischen Resultaten der Stimmenauszählung zu vergleichen, würde mich die geringste Abweichung zwischen meinen Berechnungen und der Wirklichkeit zum Dummkopf und Orientierungslosen abstempeln, zu einem Mann, der nicht in der Lage ist, die Dinge zu erkennen und heute schon zu wissen, was morgen geschieht. Statt Prognosen werde ich also lieber Erklärungen abgeben, und ich hoffe, dass sich dem Leser aus den Zahlen, die in den nächsten Tagen in dieser Zeitung erscheinen werden, und den Erklärungen, die ich ihm jetzt gebe, die Bedeutung erschließt, die das Ergebnis der zweiten Reichstagswahlen der deutschen Republik hat.

Dreiundzwanzig Parteien treten zur Wahl an. Das beweist, dass die Deutschen sehr viel mehr Sinn für Humor haben, als man gemeinhin annimmt. Es gibt eine Mieterpartei, die meinem geschätzten Freund Senyor

Vilalta Comes besonders gut gefallen würde. Natürlich gehören 999 von tausend Mietern dieser Partei nicht an. Es gibt eine Partei für die Landreform, die aus allen Deutschen Landbesitzer machen will. Es gibt eine Partei der Freunde der Blattern, die unter dem Namen »Partei der Impfgegner« antritt. Es gibt die Partei des »Apostels« Louis Haeusser[47], eines Mannes, der in einer schwarzen Pilgerkutte und mit einer eindrucksvollen langen Mähne zwischen der Tauentzienstraße und Unter den Linden auf und ab spaziert. Die Berliner Kinder haben keinerlei Respekt vor dem »Apostel« Louis Haeusser; sie laufen ihm hinterher, bewerfen ihn mit Steinen und machen ihm auch sonst das Leben schwer. Dennoch hat er fünfhundert volljährige Wahlberechtigte gefunden, die ihm ihre Unterschrift gegeben haben, so dass er eine Wahlliste präsentieren konnte. Es gibt die Wirtschaftspartei des deutschen Mittelstandes, die Polnische Volkspartei, die Deutsch-Hannoversche Partei, die Christlich-Soziale Partei und die Partei der Inflationsgeschädigten. Und schließlich sind da noch die sieben Parteien, die über genügend Wähler verfügen, um mehr als keinen oder auch mehr als zwei oder drei Abgeordnete zu stellen. Es sind folgende Parteien: die Deutschvölkische Freiheitspartei, die Deutschnationale Volkspartei, die Deutsche Volkspartei, die Deutsche Demokratische Partei, die Zentrumspartei, die Vereinigten Sozialdemokraten und die Kommunistische Partei.

Wer die Kommunistische Partei ist, bedarf wohl keiner Erklärung. Wie alle kommunistischen Parteien hat sie beste Verbindungen nach Moskau und ist stark von den Russen beeinflusst. Sie hat in den letzten Monaten kräftig an Boden gewonnen und wird viele Abgeordnete stellen, aber da sie sich die Revolution auf die Fahnen geschrieben hat und es keine Revolution geben wird, solange die Währung stabil ist, werden die Kommunisten keinen unmittelbaren Einfluss auf die deutsche Politik haben. Ihre Aufgabe im Reichstag wird es sein, für Aufruhr zu sorgen und General Ludendorff nicht zu Wort kommen zu lassen, womit sie – völlig unbeabsichtigt – dem Vaterland einen großen Dienst erweisen werden.

Die Vereinigten Sozialisten der SPD sind überzeugte Anhänger technischer Gutachten. Sie wollen Frieden und Ruhe, Verständigung mit Frankreich, England und der ganzen Welt. Bis vor kurzem waren sie die stärkste organisierte Partei der Welt und haben fünf Jahre lang entscheidenden Einfluss auf Deutschland ausgeübt, aber heute sind sie deutlich geschwächt. Sie haben Anhänger und vor allem an Prestige verloren. Ihr mangelndes Entscheidungs- und Durchsetzungsvermögen als Regierungspartei ist der Grund dafür, dass sie zur Zeit keinerlei Einfluss auf politische Entscheidungen haben, obwohl sie zahlenmäßig nach wie vor die stärkste Partei im Lande sind. Es sieht nicht danach aus, als würde das Wahlergebnis irgend etwas an der traurigen Lage ändern, in der sich die Vereinigten Sozialdemokraten derzeit befinden.

Die Zentrumspartei und die Deutsche Demokratische Partei sind die beiden politischen Sammelbecken für die mehr oder minder republikanischen und mehr oder minder linken bürgerlichen Kräfte, die es in Deutschland gibt. Neunundneunzig Prozent des jüdischen Bürgertums gehören den Demokraten an, und das bedeutet, dass diese Partei nur sehr begrenzt Stimmen wird dazugewinnen können, denn vom hemmungslosen Antisemitismus der »Völkischen« und der »Deutschnationalen« einmal abgesehen, hegt das deutsche Volk, sogar die Arbeiterschaft, eher geringe Sympathien für die Juden. Bei der Zentrumspartei finden sich echte, überzeugte Republikaner wie der Ex-Kanzler Wirth, der Schöpfer des Satzes »Der Feind steht rechts«, aber die Partei hat auch einen konservativen Flügel, dessen Republikanismus eher lau ist. Ansonsten zeichnet sich die Zentrumspartei vor allem durch ihre Anpassungsfähigkeit aus.

Besondere Erwähnung verdient die Art und Weise, in der die Deutsche Volkspartei – die Partei Stresemanns – ihren Wahlkampf führt. Stresemann hat einmal gesagt, er sei Monarchist aus Tradition und Republikaner aus Vernunft. Seine Partei betreibt Wahlwerbung wie eine monarchistische Partei. Auf den Wahlplakaten, die von den Farben der Fahne des Kaiserreichs umrahmt sind, steht zu lesen, die Partei setze ihre Hoffnung auf die Wiederkehr eines »Kaisers des Volkes«. Offensichtlich bereiten Stresemann und seine Partei sich auf ihre Rolle als Anwälte eines konstitutionellen Kaisertums vor. Diese Tatsache ist nicht unbedeutend, weil die Deutsche Volkspartei fast den gesamten Industrie- und Handelskapitalismus Deutschlands vertritt und vor allem weil Stresemann nach der Ermordung Rathenaus und der Ausschaltung Wirths der einzige einigermaßen bedeutende Politiker ist, den dieses Land hervorgebracht hat.

Über die Deutschnationalen muss nicht viel gesagt werden, ebensowenig über die Deutschvölkischen, denn sie sind, wie die Kommunisten, Parteien, deren Name Programm ist. Die erste ist wichtig, weil hinter ihr neun Zehntel der Landbesitzer stehen. Sie ist natürlich monarchistisch, aber monarchistisch nach guter alter preußischer Schule. Sie glaubt, dass in Deutschland alles wieder gut würde, wenn ein neuer Bismarck käme, und stellt, von diesem Gedanken geleitet, einen Enkel Bismarcks als Kandidaten auf, der ebenfalls Bismarck heißt, dem aber jetzt schon anzusehen ist, dass er es zu nichts bringen wird. Die »völkische« Partei, die Partei Hitlers und Ludendorffs (die Bewunderung gewisser Deutscher für besiegte Generäle erinnert mich verdächtig an ein anderes Land), ist darum wichtig, weil sie auf eine Menge Leute zählen kann, die bereit sind zu morden, zu putschen und anderen Unfug zu treiben. In politischer Hinsicht kann man die »Völkischen« nicht ernst nehmen, aber da sich nicht leugnen lässt, dass das deutsche Volk in der Masse bis zu einem gewissen Punkt rassistisch und antisemitisch ist, haben sowohl die Deutschnationalen als auch die Deutsche Volkspartei einen Großteil ihrer Wahlwerbung mit »völkischer« Terminologie betrieben.

Zusammengefasst – denn sonst würden wir nie zum Ende kommen – lässt sich folgendes sagen: Sollte es den Sozialisten bei diesen Wahlen nicht gelingen, in der Regierung wieder eine entscheidende Rolle zu spielen, wird die deutsche Politik, ganz gleich, wie das Wahlergebnis letztlich genau aussieht, einen Rechtsruck machen, und die Republik wird noch blasser werden, als sie jetzt schon ist.

Berlin, Mai
[*La Publicitat*, **9. Mai 1924**]

Die französischen Wahlen aus Berliner Sicht

Das großartige Wahlergebnis in Frankreich hat die deutschen Demokraten und Republikaner recht kleinlaut gestimmt. Schließlich hatten beide den Sieg der Konservativen bei den deutschen Wahlen unter anderem vor allem wegen des Einflusses bedauert, den er angeblich auf die Wahlen in Frankreich haben würde. Der Triumph von Tirpitz[48] und Hergt[49], und an zweiter Stelle der Triumph Ludendorffs und der »Völkischen«, würde Poincarés[50] Vorhersagen bestätigen und dadurch das Ansehen seiner Politik und seine Position stärken. Man muss gestehen, dass dieses Argument bei oberflächlicher Betrachtung unschlagbar ist. Die Deutschen, die in Fragen der Politik ausgesprochen oberflächlich sind – und das ist nur natürlich, weil es ihnen an Erfahrung mangelt –, haben es vorbehaltlos akzeptiert. Man kann das verstehen. Im Geiste haben die Deutschen das Argument und die Reihenfolge der Ereignisse umgedreht und sich vorgestellt, die französischen Wahlen hätten acht Tage vor den deutschen Wahlen stattgefunden und Poincaré und dem *Bloc national* einen großartigen, nachhaltigen Erfolg beschert, und dann haben sie sich ernsthaft gefragt, welche Auswirkungen ein solches Ereignis auf die deutschen Wahlen acht Tage später gehabt hätte. Und tatsächlich besteht kein Zweifel: Hätten Poincaré und der *Bloc national* acht Tage vor den deutschen Wahlen in Frankreich gewonnen, wäre der Wahlsieg der deutschen Konservativen noch sehr viel deutlicher ausgefallen als jetzt, vielleicht so deutlich, dass sie im neuen Reichstag die absolute Mehrheit gehabt hätten, von der sie jetzt noch weit entfernt sind.

Die Deutschen – alle Deutschen – glaubten, der *Bloc national* werde die Wahlen gewinnen. Die politischen Parteien waren felsenfest davon überzeugt. Von wegen! Die Franzosen, alte Hasen, was die Politik betrifft, haben den Ausgang der deutschen Wahlen einfach ignoriert und *en masse* das Linkskartell gewählt. Es hat Herrn Poincaré nichts genutzt, in Deutschland der einhellig bestgehasste Mann zu sein. Die Franzosen haben ihn mir nichts, dir nichts abserviert. Frankreich verzichtet auf die außerordentliche Ehre, sich vom einzigen Mann regieren zu lassen, der dreizehn Jahre lang, vor dem Krieg, während des Krieges und nach dem Krieg, ungerührt dieselbe unflexible Politik betrieben hat. Acht Tage nach Ludendorffs Triumph ist Poincaré sang- und klanglos untergegangen. Zwei Jahre lang haben viele Deutsche behauptet – und tatsächlich geglaubt –, Herr Poincaré sei für alle Übel Deutschlands und Europas verantwortlich. Und nun ist diese Wurzel allen Übels von heute auf morgen verschwunden, und zwar nach dem Willen des französischen Volkes. Es ist nicht verwunderlich, dass der Eindruck, den dies in Deutschland hervorgerufen hat, schwer zu erklären ist. Natürlich waren die Deutschen erfreut, ja begeistert. Aber ihre Zufriedenheit wäre ungetrübter gewesen, wenn Herr Poincaré, anstatt abgewählt zu werden, an der Spanischen Grippe gestorben wäre oder die Freundlichkeit besessen hätte, den Verstand zu verlieren wie Herr Deschanel[51]. Jetzt mischt sich in die Freude Verwunderung, und bei den Demokraten und Republikanern kristallisieren sich diese gemischten Gefühle, wie gesagt, als Verwirrung und Scham heraus. Am Tag nach den französischen Wahlen zeigte sich Theodor Wolff[52] im Namen der deutschen Demokratie tief betrübt und bezeichnete im *Berliner Tageblatt* die Tatsache, dass in Deutschland die Rechten in dem Augenblick gewinnen, in dem in Frankreich die Linke siegt, als »Kalamität«.

Ich für meinen Teil bin nicht so sicher wie Herr Wolff, dass diese beiden beinahe zeitgleich stattfindenden Ereignisse – Vormarsch der Rechten in Deutschland und zugleich entscheidender Sieg der Linken in Frankreich – zusammengenommen ein Unglück für Europa sind. Ich glaube eher, das Gegenteil ist der Fall. Man muss sich bewusst machen, wie die augenblickliche Stimmung in Deutschland ist, um verstehen und glauben zu können – wie ich es glaube –, dass der Sieg der deutschen Konservativen, ein keineswegs absoluter und entscheidender Sieg, aber dennoch groß genug, um sie in Reichweite der Regierung zu rücken, den

Frieden in Europa in den nächsten zehn Jahren festigen und fördern wird. Den Deutschen geht es schon lange sehr schlecht, und sie haben einmütig den festen und vollkommen verständlichen Wunsch, dies zu ändern. Und so ist es nur allzu natürlich, dass ein paar Herren, die an die Öffentlichkeit treten und sagen, sie hätten ein radikales und unfehlbares Heilmittel, sofort hoch geschätzt sind und bei den Wahlen viele Stimmen bekommen. Das ist bei den Kommunisten und den Nationalisten der Fall. Den Kommunisten wird es schwerfallen, ihr Heilmittel tatsächlich anzuwenden, weil es in Deutschland ein Heer und eine militärisch organisierte Polizei gibt, die – noch – stark genug sind, jeden kommunistischen Aufstand innerhalb von vierundzwanzig Stunden zu ersticken. Aber bei den Nationalisten sieht das ganz anders aus. Es ist kein Geheimnis, dass die meisten führenden Militärs in Deutschland nationalistisch eingestellt sind. Auf einen Staatsstreich – einen Putsch, meine ich – der Rechten würde das Heer, wenn er nur weniger grotesk wäre als der von Kapp und Hitler, völlig anders reagieren als auf einen Putsch der Kommunisten.

Die Diktatur? Es gibt viele Deutsche, die nach ihr verlangen, die sie für möglich und gut halten. Diese Deutschen mögen uns verzeihen, wenn wir ihnen sagen, dass sie Einfaltspinsel sind: Erstens, weil sie nach ihr verlangen, zweitens, weil sie sie für etwas Gutes halten, und drittens und hauptsächlich, weil sie sie überhaupt für möglich halten. Eine rechte Diktatur würden weder die Kommunisten noch die Gewerkschaften hinnehmen und auch nicht die Juden, die Katholiken (vier Millionen Stimmen bei den letzten Wahlen), Frankreich, England, Belgien oder Italien. Aber auch wenn darum eine Diktatur in Deutschland Gott sei Dank unmöglich ist, so ist es leider der Versuch, eine Diktatur zu errichten, ganz und gar nicht. Und dieser Versuch hätte unweigerlich stattgefunden, wenn die Zugewinne der deutschen Nationalisten bei der letzten Wahl geringer gewesen wären. Dreißig »völkische« Abgeordnete im Reichstag – dass sie in den Reichstag einziehen würden, stand ohnehin schon fest –, die Deutschnationalen dazu verdammt, in der Opposition zu bleiben, und die Annahme des Dawes-Plans[53] durch eine knappe Mehrheit von Parteien der Mitte und Sozialdemokraten – damit war ein Putsch und der Versuch, eine Diktatur zu errichten, eigentlich so sicher wie das Amen in der Kirche.

Aber der Wahlsieg hat den Deutschnationalen die Regierungsbeteiligung ermöglicht, ohne dass sie unter Mithilfe der »Völkischen« einen Putschversuch hätten unternehmen müssen. Und nun verabschieden die Franzosen Herrn Poincaré elegant, und die deutschen Konservativen sehen sich mit dem Bericht der Dawes-Kommission konfrontiert, den die englische Regierung vorbehaltlos akzeptiert hat. Hätte sich die neue französische Regierung etwas wagemutiger und großzügiger gezeigt, so hätten die deutschen Konservativen eine große Begabung – von der sie bisher nichts haben erkennen lassen – an den Tag legen müssen, um sich nicht lächerlich zu machen.

Berlin, Mai
[*La Publicitat*, **23. Mai 1924**]

Das Parlament, die Krise und die Verfassung des Herrn Preuß

Das deutsche Parlament kann wachsen oder schrumpfen. Die Zahl der Abgeordneten hängt von der Zahl der Wähler ab; auf je 60.000 abgegebene Stimmen kommt ein Abgeordneter. Der nächste Reichstag wird 470 Sitze haben. Diejenigen unter unseren Lesern, die Statistiken lieben und wissen wollen, wie viele Deutsche bei der letzten Wahl ihre Stimme abgegeben haben, brauchen bloß zum Bleistift zu greifen und einen simplen Dreisatz aufzustellen. Dem neuen Reichstag bieten sich blitzblanke Aussichten: eine eher zufriedenstellende, wenn auch zu unsichere innenpolitische Lage und eine außenpolitische Lage, die vom Gutachten des Dawes-Komitees beherrscht ist. Zur Zeit sieht es so aus, als könne sich in Deutschland niemand den Luxus erlauben, zu zweifeln und sich zu zieren. Die internationale Einigung über die Grundlagen des Gutachtens bringt Ruhe und eine langfristige Konsolidierung der deutschen Währung und gibt den Deutschen die Möglichkeit, in der Welt wieder eine kleine Rolle und später, wenn alles gut geht, eine wichtige Rolle zu spielen. Die Ablehnung des Gutachtens durch Deutschland würde den Niedergang der Rentenmark bedeuten, eine neue Armutskrise, Unruhe, Spannungen und schwarze Nacht. Eigentlich sollte die Aufgabe des neuen Reichstags im Augenblick also ganz einfach sein. Sie sollte sich darauf beschränken, eine Regierung wie die zurückgetretene Regierung Marx-Stresemann zu stellen, die bereit ist, den Bericht General Dawes' vorbehaltlos zu akzeptieren und so schnell wie möglich die achthundert Millionen Goldmark aus der internationalen Anleihe zu kassieren, denn darum geht es oder, besser gesagt, darum sollte es gehen.

Die Mehrheit der 470 Reichstagsabgeordneten steht dem Dawes-Plan positiv gegenüber. Die drei Parteien, die in der Regierung Marx-Stresemann vertreten sind, stellen 138 Abgeordnete: die Volkspartei 45, das Zentrum 65 und die Deutschen Demokraten 28. Die SPD hat 100 Sitze inne.

als Gewählten anstünde, den Plan, wie im Wahlkampf verkündet, *en bloc* abzulehnen. Das bedeutet, dass nun, nach dem Wahlsieg, die Einheit der Partei auf dem Spiel steht, und es scheint, als verfüge Admiral Tirpitz, der seinerseits von der Notwendigkeit überzeugt ist, den Plan anzunehmen, als einziger über genügend moralische Autorität, um die Politik Hergts zu verfolgen und zugleich eine Spaltung der Partei zu verhindern. Ein Kanzler Tirpitz wäre also so etwas wie ein Riese[56], in dem Hergt steckt und dem in kindlicher Treue die hundert Abgeordneten der Deutschnationalen folgen würden. Dieser Plan Hergts ist an den Demokraten und vor allem an der Zentrumspartei gescheitert, und nun rächen sich die Deutschnationalen, indem sie ihr Veto gegen Stresemann einlegen, der weder den Demokraten noch dem Zentrum angehört. Sie verlangen, dass der Posten des Außenministers mit einem Diplomaten besetzt wird. Stresemanns Partei will ihren Vorsitzenden natürlich nicht opfern, und so schwitzt Kanzler Marx Blut und Wasser und schafft es nicht, sein zweites Kabinett aufzustellen.

An allem, was ich soeben beschrieben habe, und an vielem anderem mehr ist die Verfassung des Herrn Preuß[57] schuld, die 1919 in Weimar von der Verfassunggebenden Nationalversammlung beschlossen wurde. Herr Preuß ist in Fragen des politischen Rechts und des Verwaltungsrechts ein so guter Spezialist, wie man ihn sich nur wünschen kann, und hat gemeinsam mit ein paar Freunden eine wunderbar ausgedachte und wunderbar formulierte Verfassung entworfen, die zu nichts zu gebrauchen ist. Es ist eine Verfassung, die alles vorsieht, alles regelt und alles auf wunderbare Weise löst. Einer der wunderbarsten Teile dieser beispielhaften Verfassung ist der Teil, in dem behandelt wird, die man Gesetze verabschiedet, die nicht verfassungskonform sind. Das ist ganz einfach: Es genügt, in einer Sitzung des Reichstags, in der mindestens zwei Drittel der Abgeordneten anwesend sind, eine Zweidrittelmehrheit zusammenzubekommen. Gelingt es einem nicht, diese Zweidrittelmehrheit zweiten Grades zusammenzubekommen, bleibt die Verfassung des Herrn Preuß unangetastet. Hat man diese Mehrheit, so kann die Verfassung des Herrn Preuß monatlich, wöchentlich oder sogar täglich tiefgreifenden Änderungen unterzogen werden.

Was Herr Preuß allerdings nicht vorhergesehen hat, war die Situation, dass es eines Tages nötig sein könnte, die Verfassung zu ändern, und es einem nicht gelänge, die vorgesehene notwenige Stimmenzahl zu ihrer Änderung zusammenzubekommen, wie es derzeit der Fall ist. Die Mehrzahl der Reichstagsabgeordneten ist für den Dawes-Plan, aber diese Mehrheit, die in England und Frankreich groß genug wäre, um ihn und wichtigere Dinge zu bewilligen, nutzt in Deutschland nichts, weil sie dort nicht ausreicht, um die Verfassung des Herrn Preuß zu ändern. Der Vollständigkeit halber sollte ich vielleicht hinzufügen, dass man in Deutschland nichts auch nur minimal Entscheidendes bewirken kann, ohne die Verfassung zu ändern, und um zum Beispiel den Reparationsplan der Gutachter umzusetzen – um es mal so zu sagen –, müsste der Reichstag mindestens zehn neue Gesetze zur Änderung der Verfassung billigen. Und darum ist Kanzler Marx für die verfassungsgemäße Annahme des Dawes-Plans auf die Mitwirkung der Deutschnationalen angewiesen, die weder dem Plan noch der Verfassung wohlgesonnen sind.

Berlin, im Mai
[*La Publicitat*, **4. Mai 1924**]

Anmerkungen*

1 Friedrich Ebert (1871–1925), Sattler von Beruf, 1913–1918 Mitglied des Reichstags (SPD), 1916 Vorsitzender der SPD-Reichstagsfraktion, 1919–1925 erster Reichspräsident der Weimarer Republik.

2 Paul Löbe (1875–1967), sozialdemokratischer Politiker, wurde 1919 in die Weimarer Nationalversammlung, im Juni 1920 zum Mitglied des Reichstags und zum Reichstagspräsidenten. Er versah dieses Amt, bis er 1932 vom Nationalsozialisten Hermann Göring abgelöst wurde.

3 Paul Ludwig Hans Anton von Beneckendorf und von Hindenburg (1847–1934), Generalfeldmarschall, zum Mythos stilisierter Sieger in der Schlacht von Tannenberg gegen die 2. Russische Armee (August 1914), ab 1916 mit Erich Ludendorff Chef der Obersten Heeresleitung, leitete 1918 den Rückzug und die Demobilmachung der deutschen Truppen, 1925–1934 Reichspräsident.

4 Dr. Joseph Karl Wirth (1879–1956), Realgymnasialprofessor, Mitglied der Zentrumspartei, 1913–1921 Mitglied des Badischen Landtags, 1920/21 Reichsfinanzminister, 1921/22 Reichskanzler, 1930/31 Reichsinnenminister; Emigration zuerst nach Wien (1933), dann nach Paris (1935) und schließlich nach Luzern (1939).

5 Andreas Hermes (1878–1964) war Zentrumspolitiker, von 1922 bis 1922 Reichsminister für Ernährung und Landwirtschaft und von 1922 bis 1923 Reichsfinanzminister. 1933 als Gegner der Nationalsozialisten in-

---

* Der Verlag dankt Christoph Baron für seine Hilfe bei der Zusammenstellung der Anmerkungen.

haftiert, ging er von 1936 bis 1939 ins Exil nach Kolumbien und schloß sich nach seiner Rückkehr dem Widerstandskreis um Goerdeler an. 1944 Verhaftung und Todesurteil (nicht vollstreckt). Nach dem Krieg war Hermes Mitglied der CDU, Präsident des Deutschen Bauernverbandes und des Deutschen Raiffeisenverbandes.

6 Walther Rathenau, geboren 1867, Industrieller, AEG-Vorstand, Schriftsteller und Politiker. Rathenau war Mitbegründer der linksliberalen Deutschen Demokratischen Partei und betrieb als Außenminister den Wiedereintritt Deutschlands in den Kreis der europäischen Mächte, was ihm mit dem Vertrag von Rapallo auch gelang. Für die politische Rechte war der Jude Rathenau eine Hassfigur. 1922 wurde er von Mitgliedern der rechtsradikalen Brigade Ehrhard ermordet.

7 Hugo Stinnes (1870–1924), Großindustrieller, im Ersten Weltkrieg einer der bedeutendsten Kriegslieferanten, 1920–1924 als Mitglied der Deutschen Volkspartei Abgeordneter im Deutschen Reichstag, unterstützt während der französisch-belgischen Ruhrbesetzung die Politik des »passiven Widerstands« und stellt gleichzeitig finanzielle Mittel für Sabotageakte zur Verfügung.

8 Die Besetzung des Rheinlands begann gleich nach Ende des Krieges 1918. Am 1. Dezember 1918 rückten die alliierten Armeen in ihre Besatzungszonen ein – Belgische Zone: Aachen, Jülich, Neuss, Moers und Kleve; Britische Zone: Köln; Französische Zone: Mainz und die Pfalz; US-Zone: Trier, Koblenz und Eifel. Außerdem wurden zwischen 1921 und 1924 Düsseldorf und Duisburg als sogenannte Sanktionsstädte besetzt. Im Januar 1923 übernahm Frankreich zusätzlich die US-Zone. Die Besetzung endete im Juni 1930. Das Rheinland wurde demilitarisierte Zone.

9 Maximilian Harden, eigentlich Witkowski (1861–1927), Gründer (1892), Herausgeber und Chefredakteur der politischen Wochenzeitschrift »Die Zukunft«, die zu einem der einflußreichsten publizistischen Organe im Kaiserreich wird, scharfer Kritiker der Politik Wilhelms II.; nach dem Attentat auf ihn 1922 stellt er seine Zeitschrift ein und zieht sich aus dem politischen Leben zurück; 1923 Übersiedlung in die Schweiz.

10 Matthias Erzberger, geb. 1875, Zentrumspolitiker, war einer der Hauptbefürworter einer Annahme der Versailler Friedensbedingungen und deshalb für die politische Rechte eine besonders verhasste Figur. 1921 wurde er von Angehörigen der Organisation Consul ermordet.

11 Kurt Eisner, geboren 1867, sozialdemokratischer Politiker, Friedensaktivist und nach 1918 bayerischer Ministerpräsident, wurde im Februar 1919 auf dem Weg zur Eröffnung des Landtags von dem rechtsradikalen Aristokraten Graf Arco Valley erschossen.

12 Hugo Haase, geboren 1863, war Sozialdemokrat, Friedensaktivist, seit 1917 führendes Mitglied der von der SPD abgespaltenen USPD, nach 1918 zusammen mit Friedrich Ebert in der provisorischen Regierung des Rats der Voksbeauftragten; nach 1918 Befürworter einer Wiedervereinigung mit der SPD. Er wurde 1919 erschossen.

13 Wilhelm Cuno (1876–1933), Jurist, während des Ersten Weltkriegs Geheimer Regierungsrat im Reichsschatzamt; 1918 Generaldirektor der Hapag (Hamburg-Amerika-Paketfahrt-AG), 1922 parteiloser Reichskanzler mit einem Kabinett aus Wirtschaftsexperten.

14 So hat Cuno das nicht gesagt! Den Text der Rede findet man unter http://www.dhm.de/lemo/html/dokumente/cuno/index.html. Die von Xammar erwähnte Passage lautet: »Für Kohlemengen, die wenige Prozent der seit dem Waffenstillstand tatsächlich bewirkten Lieferungen im bisherigen Gesamtergebnis ausmachen, für Schnittholz und Telegraphenstangen unternimmt Herr Poincaré eine militärische Aktion.«

15 Gustav Stresemann (1878–1929), vor dem Krieg in der Nationalliberalen Partei, nach Kriegsende Mitbegründer der Deutschen Volkspartei; 1923 Reichskanzler einer Koalition aus DVP, SPD, Zentrum und DDP; unter seiner Regierung wurde mit der Einführung der Rentenmark die Inflation beendet; seine Verständigungspolitik gegenüber den Alliierten gipfelte in den Verträgen von Locarno, 1925, und in der Aufnahme Deutschlands in den Völkerbund, 1926; Stresemann wurde 1926 zusammen mit seinem französischen Amtskollegen Aristide Briand mit dem Friedensnobelpreis ausgezeichnet.

16 Hermann Müller (1876–1931), seit 1896 SPD-Mitglied und von 1920 an Mitglied des Reichstags, 1919–1920 Reichsaußenminister, als der er am 28. Juni 1919 zusammen mit Verkehrsminister Bell den Versailler Vertrag unterzeichnete; von März bis Juni 1920 und von 1928 bis 1930 Reichskanzler.

17 Wilhelm Marx (1863–1946), Jurist und Politiker. 1907–1928 Vorsitzender der Zentrumspartei. 1923–1924 Reichskanzler in zwei verschiedenen Kabinetten, 1925 für zwei Monate preußischer Ministerpräsident, 1926 Reichsminister der Justiz, 1926–1928 erneut Reichskanzler in zwei aufeinanderfolgenden Kabinetten.

18 Georg Ledebour (1850–1947), 1890 Eintritt in die SPD, 1900–1918 und 1920–1924 Mitglied des Reichstags, 1917 Mitbegründer der USPD, ab 1933 Exil in der Schweiz.

19 Georg Bernhard (1875–1944), seit 1920 Chefredakteur der »Vossischen Zeitung«, 1928–1930 für die Deutsche Demokratische Partei Mitglied des Reichstags, konnte nach Internierung 1940 in Frankreich 1941 in die USA fliehen.

20 Dr. Walter Zechlin (1879–1962), 1903 Eintritt in den diplomatischen Dienst, 1923 während des Ruhrkampfes von der Weimarer Regierung nach Essen geschickt, um den Standpunkt der deutschen Regierung zu verdeutlichen, 1926 Pressechef der Reichskanzlei der Weimarer Regierung, 1939 Emigration nach Spanien, 1943 Ausbürgerung aus Deutschland.

21 Dr. Hans Luther (1879–1962), 1918 Oberbürgermeister der Stadt Essen, 1922 Reichsernährungsminister, 1923–1925 Reichsfinanzminister, 1925–1926 Reichskanzler, zunächst parteilos, 1927 Beitritt zur Deutschen Volkspartei, 1933–1937 Botschafter des Deutschen Reichs in den USA, 1952–1955 Vorsitzender eines Sachverständigenausschusses für die Neugliederung der Bundesrepublik.

22 Erich Friedrich Wilhelm Ludendorff (1865–1937), General, seit 1916 Erster Generalquartiermeister, 1923 am Hitlerputsch in München beteiligt, 1924–1928 als Abgeordneter der Nationalsozialistischen Freiheitspartei Mitglied des Reichstags.

23 Pseudonym des französischen Journalisten André Géraud.

24 Friedrich (*Fritz*) Ernst Husemann, geb. 19. September 1873 in Leopoldstal (Lippe), von den Nazis im März 1935 einen Tag nach seiner Einlieferung ins KZ Esterwegen angeblich auf der Flucht erschossen, war Gewerkschafter, Vorsitzender des Verbandes der Bergbauindustriearbeiter Deutschlands von 1919 bis 1933, Mitglied des Preußischen Landtags von 1919 bis 1924 und Mitglied des Reichstages für die SPD von 1924 bis 1933.

25   Emile Gustave Alfred Coste (1864–1945), Leiter der »Mission interalliée de Contrôle des Usines et des Mines« (MICUM).
26   Paul Herman Frantzen (1880–1935), Bergbauingenieur, seit April 1923 Nachfolger von Emile Coste als Vorsitzender der MICUM-Kommission.

27   Die Trikotfarben von F. C. Barcelona und Reial Club Desportiu Espanyol, der beiden Fußballvereine Barcelonas.

28   Am 6. Februar 1922 wurde von den großen Seemächten in Washington ein Vertrag geschlossen, der das Wettrüsten beenden sollte. In diesem Vertrag wurden die Grenzwerte bezüglich Schiffsgröße und Armierung in der Marinerüstung festgelegt. Da die Tonnage im Washingtoner Vertrag nach amerikanischer Tonne (ca. 907 kg), der Vertrag von Versailles aber nach englischer Tonne (ca. 1016 kg) gerechnet wurde, war es Deutschland möglich, seine Schiffe 15 % größer zu bauen, ohne gegen den Vertrag von Versailles zu verstoßen. Ein Bau von Schlachtschiffen war der deutschen Marine unter diesen Umständen nicht möglich.

29   Giovanni Giolitti (1842–1928), italienischer Politiker, unter anderem Ministerpräsident von Italien 1892–1893, 1903–1905, 1920–1921.
Ahmed ben Mohammed el-Raisuni (oder Raisuni), Stammesführer der Rif-Kabylen im Rifkrieg 1921–1926.

30   John Maynard Keynes, *The Economic Consequences of Peace,* 1919, dtsch. *Krieg und Frieden. Die wirtschaftlichen Folgen des Vertrags von Versailles*, Berenberg Verlag, 2006.

31 Felix Fechenbach, geb. 1894, politischer Journalist und Dichter, am 7. August 1933 beim Transport in das KZ Dachau »auf der Flucht erschossen«.

32 Gustav Ritter von Kahr (1862–1934) wird 1917 Regierungspräsident von Oberbayern, 1920 bayerischer Ministerpräsident. Nachdem er 1921 aus Protest gegen die Entwaffnung der ihn unterstützenden »Einwohnerwehren« zurückgetreten ist, wird er am 25. September 1923 vom bayerischen Staatsministerium zum Generalstaatskommissar ernannt. Entgegen der Hoffnung der Aufständischen schließt er sich dem Hitler-Putsch nicht an. Am 30. Juni 1934 wird von Kahr, der sich von allen öffentlichen Ämtern zurückgezogen hat, im Zusammenhang mit dem sogenannten »Röhm-Putsch« von Angehörigen der SS in der Nähe von Dachau ermordet.

33 Rupprecht von Bayern (1869–1955), Sohn von Ludwig III., dem letzten König von Bayern, und Maria Theresia, Erzherzogin von Österreich-Este, verlor seinen Thronanspruch nach der Novemberrevolution von 1918. 1939 ging er als Gegner der Nationalsozialisten nach Italien ins Exil.

34 In Katalonien hielt sich bis in die fünfziger Jahre hinein der Volksbrauch, am Gründonnerstag (dem Tag, an dem Judas Jesus verriet – in anderen Teilen Spaniens war es der Karfreitag) »Juden zu töten« – *matar jueus:* Nach der Messe machten die Kinder mit Rasseln und Ratschen einen Höllenlärm, und die Erwachsenen schlugen mit Stöcken auf den Boden, um den Verrat und Tod des Herrn symbolisch zu rächen.

35 Eugen Ritter von Knilling (1865–1927), bayerischer Ministerpräsident von 1922 bis 1924.

36 Gustav Noske (1868–1946), 1919–1920 als sozialdemokratischer Reichswehrminister verantwortlich für die Niederschlagung des Spartakistenaufstands in Berlin und anderer linksrevolutionärer Erhebungen (Räterepublik in Bayern), 1920–1933 Oberpräsident von Hannover. Als die Generäle, auf die sich Noske gestützt hatte, ihn beim Kapp-Putsch im Stich ließen, war seine politische Laufbahn zu Ende. Wolfgang Kapp (1858–1922), Generallandschaftsdirektor a. D., hatte sich nach Besetzung des Berliner Regierungsviertels durch die dem Reichswehrkommando unterstellte Marinebrigade Ehrhart am 13. März 1920 selbst zum Reichskanzler ernannt. Die Gewerkschaften riefen zum Generalstreik auf, die meisten Ministerialbeamten und die Reichsbank lehnten es ab, mit Kapp zu kooperieren. Kapp mußte am 17. März aufgeben und floh nach Schweden.

37 Otto Geßler (1875–1955), Mitbegründer der Deutschen Demokratischen Partei. 1919–1920 Reichsminister für Wiederaufbau, ab 1920 in wechselnden Kabinetten Reichswehrminister bis 1928. 1944 im Zusammenhang mit dem Attentat auf Hitler verhaftet und im KZ Ravensbrück inhaftiert.

38 Erich Richard Moritz Zeigner (1886–1949), Staatsanwalt und SPD-Politiker. 1921–1923 sächsischer Justizminister, März bis Oktober 1923 Ministerpräsident des Freistaates Sachsen. Seit 1944 im KZ Buchenwald inhaftiert, von 1945 bis zu seinem Tode Oberbürgermeister von Leipzig. 1946 Mitbegründer der SED.

39 Otto von Lossow (1863–1938), General. Ab 1921 Kommandeur der in Bayern stationierten 7. Division der Reichswehr unter General Hans von Seeckt und damit bayerischer Landeskommandant. Als er sich Reichswehrminister Geßlers Befehl widersetzt, den »Völkischen Beobachter« zu verbieten, wird er von Reichspräsident Ebert seines Dienstes enthoben. Am 27. September 1923 wird von Lossow mit der gesamten 7. Reichswehrdivision von der bayerischen Regierung übernommen. Das stellte einen Bruch der Reichsverfassung dar.

40 Adam Stegerwald (1874–1945), 1919–1921 preußischer Minister für Volkswohlfahrt, April bis November 1921 zugleich Ministerpräsident Preußens. 1929–1930 war Stegerwald Reichsverkehrsminister, 1930–1932 Reichsarbeitsminister.

41 Rudolf Hilferding (1877–1941), SPD-Mitglied, 1923 und 1928 Reichsfinanzminister. Nach der Machtübernahme der Nationalsozialisten emigriert Hilferding 1933 nach Zürich, 1938 nach Paris. 1941 flieht er nach dem deutschen Angriff auf Frankreich ins unbesetzte Marseille. 1941 wird er von der Vichy-Regierung verhaftet und der Gestapo ausgeliefert; er stirbt unter ungeklärten Umständen in einem Pariser Gefängnis.

42 Franz Josef Smeets († 1925 an den Spätfolgen eines Attentats), Gründer der »Rheinisch-Republikanischen Volkspartei«, deren Ziel eine autonome Rheinische Republik war.

43 Hans Adam Dorten (1880–1963), Mitbegründer der »Rheinischen Volksvereinigung«, die sich für einen unabhängigen Rheinstaat einsetzte.

44 Joseph Matthes (1886–1943), Gründer des »Rheinischen Unabhängigkeitsbundes«. Die »Rheinisch-Republikanische Volkspartei«, die »Rheinische Volksvereinigung« und der »Rheinische Unabhängigkeitsbund« schlossen sich im August 1923 zur »Vereinigten Rheinischen Bewegung« zusammen.

45 Maurice Barrès (1862–1923), Romancier, Journalist und Politiker, 1906 in die *Académie française* gewählt, seit diesem Jahr auch Parlamentsabgeordneter. 1914 zum Chef der antideutschen, antisemitischen und antiparlamentarischen *Ligue des patriotes* geworden, schreibt er im Ersten Weltkrieg zahlreiche antideutsche Zeitungsartikel.

46   Hans Ritter von Seißer (1874–1973), Generaloberst und 1920–1930 Chef der Bayerischen Landespolizei.

47   Ludwig Christian Häußer (1881–1927), Sektfabrikant, nach 1918 selbsternannter »Prophet der Wahrheit«, tritt 1924 mit dem sogenannten »Haeusserbund« zu den Reichstagswahlen an.

48   Alfred von Tirpitz (1849–1930), Großadmiral. Mitbegründer der deutschen Vaterlandspartei, 1924–1928 Abgeordneter der Deutschnationalen Volkspartei im Reichstag.

49   Oscar Gustav Rudolf Hergt (1869–1967), 1918–1924 Vorsitzender der DNVP, 1920–1924 Fraktionsvorsitzender, 1927–1928 Reichsjustizminister und Stellvertretender Reichskanzler.

50   Raymond Poincaré (1860–1934), 1912–1913 und 1922–1924 französischer Ministerpräsident und Außenminister, 1913–1920 französischer Präsident, 1926–1929 erneut Ministerpräsident und (bis 1928) Finanzminister. Bekannt für seine kompromisslose Haltung gegenüber Deutschland und verantwortlich für die Besetzung des Ruhrgebiets 1923.

51   Paul Deschanel (1855–1922), von Februar bis September 1920 französischer Präsident als Nachfolger Poincarés. Bereits kurz nach Amtsantritt gab es Anzeichen seniler Demenz, so dass im September Ministerpräsident Alexandre Millerand das Amt des Präsidenten übernahm.

52   Theodor Wolff (1868–1943), Schriftsteller, Publizist und Kritiker. 1906–1933 Chefredakteur des *Berliner Tageblatts* und Mitbegründer der

Deutschen Demokratischen Partei. Nach dem Reichstagsbrand 1933 ging Wolff ins Exil. 1943 wurde er von italienischen Beamten in der Nähe von Nizza verhaftet und der Gestapo ausgeliefert, die ihn ins KZ Sachsenhausen brachte. Im September 1943 starb er im Jüdischen Krankenhaus in Berlin an den Folgen seiner KZ-Haft.

53 Mit der Währungsreform vom November 1923 wurde die fiskalische Voraussetzung für die vom Deutschen Reich anvisierte Revision der Reparationen geschaffen. Ein internationaler Sachverständigenausschuss unter Leitung von Charles Dawes veröffentlichte am 9. April 1924 einen neuen Finanzierungsplan, der die Reparationszahlungen ausschließlich von der wirtschaftlichen Leistungsfähigkeit des Deutschen Reichs abhängig machen sollte. Eine zeitliche Begrenzung wurde ebensowenig festgelegt wie die Gesamthöhe der Reparationen. Die jährliche Belastung Deutschlands sollte eine Milliarde Reichsmark betragen und nach fünf Jahren auf 2,5 Milliarden Reichsmark anwachsen. Zur Sicherung der Zahlungen mussten die Reichsbahn und die Reichsbank unter internationale Kontrolle gestellt werden.

Obwohl der Dawes-Plan wegen der deutschen Souveränitätsbeschränkungen von der politischen Rechten im Deutschen Reich heftig kritisiert wurde, stimmte am 29. August 1924 im Reichstag auch die Hälfte der Abgeordneten der DNVP für dessen Annahme. Ausschlaggebend für das Abstimmungsverhalten waren neben ökonomischen Erwägungen das im Rahmen des Dawes-Plans von Frankreich zugesagte Ende der Ruhrbesetzung. Die mit dem Dawes-Plan verbundenen ausländischen Investitionen leiteten in der Weimarer Republik eine Periode des wirtschaftlichen Aufschwungs ein. Als der Dawes-Plan 1929 durch den Young-Plan ersetzt wurde, hatte sich das deutsche Produktionsvolumen seit 1924 um 50 Prozent erweitert (http://www.dhm.de/lemo/home.html).

54 Josep Zulueta i Gomis (1858–1925), von 1903 bis 1923 Abgeordneter der Reformpartei (»Partit Reformista«) für den Wahlkreis Vilafranca del Penedés.

55 Max Wallraf (1859–1941), 1907–1917 Oberbürgermeister von Köln, 1921–1924 Landtagsabgeordneter der DNVP im preußischen Landtag, 1924–1930 Reichstagsabgeordneter und 1924–1925 Reichstagspräsident; ab 1933 Mitglied der NSDAP.

56 Meterhohe Figuren aus Pappmaché, die bei katalanischen Volksfesten durch die Straßen getragen werden.

57 Hugo Preuß (1860–1925), Jurist und Politiker, wurde am 15. November 1918 von Friedrich Ebert zum Staatssekretär des Innern ernannt und vom Rat der Volksbeauftragten mit der Ausarbeitung eines Verfassungsentwurfs beauftragt. Gründungsmitglied der Deutschen Demokratischen Partei, 1919 Reichsinnenminister der ersten Regierung der Weimarer Republik, 1919–1925 Abgeordneter des preußischen Landtags.

Die Originalausgabe erschien 1998 unter dem Titel *L'ou de la serp* bei Quaderns Crema in Barcelona. Die deutsche Ausgabe wurde leicht gekürzt. Die Übersetzung wurde vom Institut Ramón Llull, Barcelona, gefördert. Wir bedanken uns für die großzügige und unbürokratische Unterstützung.

Ausstattung | Gestaltung: Groothuis, Lohfert, Consorten | glcons.de
Gesetzt aus Madison BQ, Minion und Univers
Fotos: Einbandvorderseite von Quaderns Crema
Einbandrückseite von ullstein bild, Frontispiz von privat
Reproduktion: Frische Grafik, Hamburg
Druck und Bindung: Clausen & Bosse, Leck
Printed in Germany
ISBN 978-3-937834-23-8